Novos ministérios

Antonio José de Almeida

Novos ministérios

A necessidade de um salto à frente

Dados Internacionais de Catalogação na Publicação (CIP)
(Câmara Brasileira do Livro, SP, Brasil)

Almeida, Antonio José de
　　Novos ministérios : a necessidade de um salto à frente / Antonio José de Almeida. – São Paulo : Paulinas, 2013. – (Coleção pastoral)

ISBN 978-85-356-3525-6

1. Ministério leigo - Igreja Católica　2. Teologia pastoral　I. Título. II. Série.

13-04717　　　　　　　　　　　　　　　　　　　　　CDD-262.15

Índice para catálogo sistemático:
1. Ministérios leigo : Eclesiologia : Cristianismo　262.15

1ª edição – 2013
1ª reimpressão – 2016

Direção-geral: *Bernadete Boff*
Editores responsáveis: *Vera Ivanise Bombonatto*
Antonio Francisco Lelo
Coordenação de revisão: *Marina Mendonça*
Copidesque: *Anoar Jarbas Provenzi*
Revisão: *Sandra Sinzato*
Gerente de produção: *Felício Calegaro Neto*
Projeto gráfico: *Wilson Teodoro Garcia*
Capa e diagramação: *Jéssica Diniz Souza*

Nenhuma parte desta obra poderá ser reproduzida ou transmitida por qualquer forma e/ou quaisquer meios (eletrônico ou mecânico, incluindo fotocópia e gravação) ou arquivada em qualquer sistema ou banco de dados sem permissão escrita da Editora. Direitos reservados.

Paulinas
Rua Dona Inácia Uchoa, 62
04110-020 – São Paulo – SP (Brasil)
Tel.: (11) 2125-3500
http://www.paulinas.org.br – editora@paulinas.com.br
Telemarketing e SAC: 0800-7010081
© Pia Sociedade Filhas de São Paulo – São Paulo, 2013

*A todos os leigos e leigas que atuam como
ministros e ministras em nossas comunidades.*

*A todos os diáconos, presbíteros e bispos, para que,
valorizando os ministérios exercidos
por leigos e leigas, saibam estar acolhendo dons do
Espírito para a edificação da Igreja e o serviço ao Reino.*

*Ao Papa Francisco, para que não tarde em ouvir os
clamores por novas configurações dos ministérios
ordenados, de modo que nossas comunidades possam ir às
fronteiras geográficas e existenciais da humanidade com
a plenitude da palavra, dos sacramentos e da caridade.*

A Deus, pela graça de amar e servir.

Sumário

Prefácio 9

Introdução 11

Capítulo I
Um breve olhar para as origens 15

Capítulo II
A redescoberta da diversidade ministerial pelo Vaticano II 21

Capítulo III
Medellín: a opção pelas comunidades eclesiais de base 31

Capítulo IV
Ministeria quaedam: o fim de um monopólio clerical 35

Capítulo V
A extraordinária emergência de novas práticas eclesiais 39

Capítulo VI
Evangelii nuntiandi: a carta magna dos novos ministérios 41

Capítulo VII
Puebla: ação de graças, discernimento e impulso 45

Capítulo VIII
Código de Direito Canônico: o paradoxo da lei 51

Capítulo IX
Christifideles laici: há uma pedra no meio do caminho 59

Capítulo X
Santo Domingo: "na unidade do Espírito Santo, com diversidade de ministérios e carismas" 69

Capítulo XI
Instrução romana sobre a colaboração dos leigos no ministério dos sacerdotes 71

Capítulo XII
Reações à instrução romana 83

Capítulo XIII
CNBB: missão e ministérios dos cristãos leigos e leigas 95

Capítulo XIV
Aparecida: ministérios dos discípulos missionários leigos e leigas 101

Capítulo XV
Balanço e perspectivas 107

Posfácio 127

Prefácio

O professor Antonio José de Almeida, especialista em eclesiologia e ministérios e com ampla experiência pastoral na Igreja do Brasil, nos oferece uma valiosa reflexão sobre os ministérios não ordenados no período que vai do Vaticano II a Aparecida. Bom teólogo, porém, descobre, nesta acidentada evolução histórica, algo mais profundo: os sinais de um novo desafio eclesiológico a que o Espírito nos está chamando.

Com efeito, a teologia dos ministérios não ordenados que o Vaticano II apresenta e que Paulo VI formulou em *Ministeria quaedam* (1972) e em *Evangelii nuntiandi* (1974), como expressão de uma Igreja toda ministerial que cresce como um corpo vivo (Ef 4,15-16), lentamente foi convertendo-se, nestes últimos anos, numa espécie de suplência canônica diante da escassez de ministros ordenados (cf. *De Ecclesiae Mysterio*, 1997). Se me permitem a expressão, os ministérios não ordenados se transformaram em algo como um *bypass* eclesial, uma solução de emergência e profissional, à espera de que se volte a usufruir, o mais rápido possível, do fluxo sanguíneo normal, isto é, de suficientes ministros ordenados, como em outros tempos.

Almeida, com olhar crítico, vai descrevendo este processo de empobrecimento progressivo que afeta negativamente os ministérios não ordenados: de dons do Espírito que expressam a vitalidade de todo o corpo eclesial num clima de subsidiariedade e que manifestam a riqueza do sacerdócio, do profetismo e da realeza que brotam do batismo e da confirmação... foi-se passando a ministérios predominantemente cultuais, que devem ser continuamente vigiados e canonicamente regulados para que não caiam em clericalismo nem impeçam o surgimento de futuras vocações sacerdotais. Há uma saudade e uma falta de visão do futuro, pensando que a situação atual de falta de ministros ordenados é algo meramente passageiro e que logo vai mudar favoravelmente.

E, aqui, é onde Almeida passa do tema concreto dos ministérios não ordenados a uma reflexão eclesiológica de grande fôlego e com perspectivas de futuro. Ele prefere falar mais de transformação que de crise eclesial. Trata-se, com efeito, de passar de uma eclesiologia de cristandade, típica do segundo milênio, cristomonista, hierarcológica e centralista, à eclesiologia de comunhão, própria do primeiro milênio e que o Vaticano II retomou, uma eclesiologia que parte das necessidades, vivências e carismas das Igrejas locais, onde o ministério ordenado não é simplesmente uma vocação individualista, mas um chamado da comunidade eclesial, que necessita de ministros ordenados para a presidência da comunidade e da Eucaristia. Trata-se de recuperar uma eclesiologia ao mesmo tempo cristocêntrica e pneumatológica, que assuma o carismático e o sacramental, o eucarístico e o serviço aberto à sociedade.

Precisamente do seio destas comunidades plenamente ministeriais – que Almeida chama de *communitates probatae* – é que podem sair os novos ministros ordenados, ministros que, respeitando a riqueza da tradição latina do passado, podem abrir-se a outras condições de estado civil, a diversos tipos de formação e de profissão, dedicados *full time* ou *part time* ao ministério, constituindo o que alguns chamam de "presbíteros comunitários" ou "padres de comunidade", ou simplesmente "ministros ordenados" (como prefere Lobinger), que vivam com suas famílias, em fraternidade com seus colegas de ministério, mas não enclausurados numa espécie de mosteiro.

Estas páginas talvez possam surpreender a quem tem medo de exageros por parte dos leigos, a quem esteja aferrado a um passado que não existe mais, que se contenta com a solução de emergência de um *bypass* eclesial, mas, com toda a certeza, vêm ao encontro de quem não tem medo do fator surpresa do Espírito, de sua riqueza e pluralidade sempre desconcertante e nova. O livro de Almeida é uma resposta fiel e obediente à exortação paulina: "Não extingais o Espírito" (1Ts 5,19).

VICTOR CODINA, sj

Doutor e professor de Teologia durante muitos anos na Catalunha, atualmente mora na Bolívia, onde tem alternado o trabalho de docência teológica na Universidade Católica Boliviana (ISET, Cochabamba) com trabalhos mais pastorais de formação de leigos e animação de comunidade de base (Oruro e Santa Cruz).

Introdução

O presente texto foi produzido a partir da prática eclesial da América Latina, especialmente do Brasil, cuja situação, em termos de ministérios não ordenados, tenho procurado acompanhar, pastoral e teologicamente, com maior ou menor intensidade, desde o início da década de 1970.[1]

Não interpreta o surgimento de novos ministérios na Igreja da América Latina – que alguns qualificaram como verdadeira "explosão"[2] – simplesmente como uma resposta à escassez crônica de presbíteros em nosso continente. Este elemento teve papel relevante – pois, quando há abundância de ministros ordenados, ministérios não ordenados não aparecem... ou desaparecem –, mas não foi determinante. Determinantes foram a complexificação da tarefa evangelizadora (que exige novos e diversificados papéis e atores), a emergência das comunidades eclesiais de base (cujos membros mais ativos assumem tarefas diversificadas a serviço de sua vida e missão), a nova consciência de Igreja expressa no Vaticano II (especialmente a Igreja vista como povo de Deus, no qual, à condição cristã comum a todos os membros, acresce-se a diversidade de carismas, serviços e ministérios), bem como o crescente desejo de

---

[1] Cf. A. J. ALMEIDA, Estruturas a serviço da comunhão eclesial, em: *REB*, 34 (1974), pp. 632-639; Documentación global del magisterio de la Iglesia sobre los nuevos ministerios, em: *Medellín* [separata], 25 (março de 1981), pp. 23-45); id., *Os ministérios não ordenados na Igreja latino-americana*, Loyola, São Paulo, 1989; id., *Teologia dos ministérios não ordenados na Igreja da América Latina*, Loyola, São Paulo, 1989; id., Modelos eclesiológicos e ministérios eclesiais, em: *REB*, 48 (1988), pp. 310-352; id., Novos ministérios na Igreja do Brasil, em: *Convergência*, 25 (setembro de 1990), pp. 413-422; id., Por uma Igreja ministerial: os ministérios ordenados e não ordenados no "Concílio da Igreja sobre a Igreja", em: P. S. L. GONÇALVES; V. I. BOMBONATTO (orgs.), *Concílio Vaticano II. Análise e prospectivas*, Paulinas, São Paulo, 2004, pp. 337-366.

[2] Cf. C. MESTERS, O futuro do nosso passado, em: *REB*, 35 (1975), pp. 261-287.

participação civil e eclesial de leigos e leigas conscientes de sua dignidade, capacidade e responsabilidade.[3]

Compartilha da visão daqueles e daquelas que, na análise da Igreja atual, preferem a categoria "transformação" à categoria "crise" para tentar dar conta da desafiadora situação em que, nesta "mudança de época" pela qual está passando o mundo, a Igreja se encontra: ela não está em crise, mas – e isto é muitíssimo mais desafiador e dramático – numa fase de transformação epocal.[4]

A leitura que se fará, neste trabalho, dos principais documentos magisteriais (universais, latino-americanos e brasileiros) sobre os novos ministérios será tradicional (no sentido de que afunda suas raízes no Novo Testamento e nos primeiros séculos da história cristã), crítica (enquanto ousa avaliar aqueles documentos, confrontando-os com os desafios presentes) e prospectiva (na medida em que avança algumas propostas consideradas capazes de contribuir para uma nova configuração responsável dos ministérios eclesiais).

A avaliação crítica de certas afirmações de alguns textos do magistério não se coloca no âmbito da doutrina, mas da formulação teológica. Vale, aqui, a famosa distinção explicitada pelo Papa João XXIII no discurso de abertura do Concílio: "Uma coisa é a substância do *depositum fidei*, isto é, as verdades contidas na nossa doutrina, e outra é a formulação com que são enunciadas, conservando-lhes, contudo, o mesmo sentido e o mesmo alcance. Será preciso atribuir muita importância a esta forma e, se necessário, insistir, com paciência, na sua elaboração; e dever-se-á usar a maneira de apresentar as coisas que mais corresponda ao magistério, cujo caráter é predominantemente pastoral".[5]

A proposta que será feita, na última parte de nossa reflexão, envolve um aspecto da disciplina eclesiástica e não toca nenhum ponto de doutrina. Apenas – claro que se trata de um "apenas" de amplas e profundas consequências – propõe uma avaliação diferente da de Paulo VI

---

[3] Estes vários elementos são amplamente analisados em: A. J. ALMEIDA, *Os ministérios não ordenados na Igreja latino-americana*, cit., pp. 92-115.

[4] Cf. P. M. ZULEHNER, Cambi di prospettiva. Dieci linee guida per il rinnovamento della Chiesa, em: *Il Regno*, 57 (2012), pp. 305-307.

[5] JOÃO XXIII, *Gaudet Mater Ecclesia* VI, 5.

à questão de relação entre celibato e ministério ordenado. Enquanto, para Paulo VI e, ainda que não com a clareza de sua formulação, para uma multissecular tradição disciplinar – em que pesem as contestações, os questionamentos e as transgressões – essa relação seja de "conveniência",[6] ousamos levantar duas questões. Primeira: que esta conveniência deve estar submetida a um bem maior (a possibilidade da celebração regular da Eucaristia nas comunidades, hoje impossível ou dificilmente acessível em centenas de milhares de comunidades).[7] Segunda: que a Igreja – nas circunstâncias atuais, em alguns lugares (que não se sabe *a priori* se serão muitos ou poucos), e em comunidades comprovadamente consistentes do ponto de vista cristão e eclesial – autorize a ordenação daquelas pessoas que tenham as condições para assumir o ministério ordenado, ainda que não tenham o dom do celibato, como foi a prática, por muitos séculos, na Igreja antiga e em boa parte da Igreja medieval.[8]

---

[6] Cf. PAULO VI, *Sacerdotalis caelibatus* 18, 31, 35, [37], 40, 60. A Comissão Teológica Internacional, em 1971, escrevia: "A conexão histórica existente entre celibato e ministério apostólico não é necessária. O ministério é possível sem o celibato, assim como o celibato é possível sem o ministério. A união ou a dissociação entre estas duas realidades, que foram introduzidas pela tradição eclesiástica, não provém de uma necessidade dogmática, mas de um julgamento pastoral de valor" (CTI, *Le ministère sacerdotal*, Paris, 1971, p. 107).

[7] "O celibato não é a única expressão possível de forma de vida espiritual adequada ao sacerdócio, e representa um carisma próprio e distinto, cuja conexão necessária e insuprimível com ele não pode ser provada teologicamente. Todas as Cartas Pastorais do Novo Testamento procedem de chefes de comunidades casados. Não se pode, portanto, colocar em risco o bem maior, isto é, a salvação da comunidade e do sacerdote, para manter um bem certamente elevado, mas de forma alguma o maior" (W. KASPER, Ser y misión del sacerdote, em: *Selecciones de Teología*, 75 (1980), p. 249.

[8] Cf. A. J. ALMEIDA, O celibato dos presbíteros e dos bispos. Uma análise com interesse pastoral, em: *REB*, 50 (197/1990), pp. 138-172.

Capítulo I

Um breve olhar para as origens

Ministérios de leigos e leigas não são, como, às vezes, se pensa, por desinformação ou preconceito, uma novidade introduzida pelo Vaticano II.

Na Igreja antiga, leigos e leigas eram ativos e assumiam verdadeiros ministérios. Paulo VI lembrava este fato, na *Evangelii nuntiandi*, quando, diante da floração de novos ministérios na década seguinte ao Concílio, escreveu: "Um relance sobre as origens da Igreja é muito elucidativo e fará com que se beneficie de uma antiga experiência nesta matéria dos ministérios, experiência que se apresenta válida, dado que ela permitiu à Igreja consolidar-se, crescer e expandir-se".[1]

Em primeiro lugar, as Igrejas do Novo Testamento, sobretudo as paulinas, testemunham uma exuberância de carismas, serviços e ministérios. Quem não se lembra, por exemplo, da clássica página de 1Cor 12,4-31?[2] Nunca, porém, é demais lembrar que o Novo Testamento desconhece as categorias "hierarquia" e "laicato" – introduzidas, mais tarde, na teologia cristã –, não sendo, portanto, nem legítimo nem possível procurar, nos escritos inspirados cristãos, o que é próprio e peculiar aos leigos, e o que é específico da hierarquia.[3]

Depois dos tempos do Novo Testamento, mesmo com todas as dificuldades colocadas pelo paganismo e pelo Império Romano, as comunidades cristãs e seus membros mostram-se incansáveis na comunicação do Evangelho. Muitos, de fato, atuam como missionários:

---

[1] PAULO VI, *Evangelii nuntiandi* 73.

[2] Para maiores informações sobre o "panorama ministerial do Novo Testamento", veja-se: A. J. ALMEIDA, *O ministério dos presbíteros-epíscopos do Novo Testamento*, Paulus, São Paulo, 2001, pp. 12-58.

[3] Cf. A. J. DE ALMEIDA, *Leigos em quê? Abordagem histórica*, Paulinas, São Paulo, 2006.

"Os cristãos não deixam de difundir a doutrina em cada lugar da terra habitada. Alguns, por exemplo, deram-se ao trabalho de percorrer não só cidades, mas também vilarejos e campos, para conduzir outros devotos a Deus".[4] O cristianismo, na verdade, não poderia ter-se difundido tão rapidamente sem a presença difusa e o testemunho convicto de leigos e leigas[5] em todos os estratos da sociedade romana. "Não somos de ontem", desafiará Tertuliano, "e já enchemos tudo o que é vosso: cidades, ilhas, fortalezas, prefeituras, aldeias, os próprios campos, tribos, decúrias, palácio, senado, fórum; deixamo-vos apenas os templos".[6]

Outros leigos se destacaram como apologetas, propondo a fé cristã e argumentando em seu favor e contra os elementos da cultura grega e latina que se lhe opunham. Tais foram, por exemplo, o filósofo palestinense Justino (100-163/167), que abre uma escola em Roma, onde escreve suas *Apologias* (ao imperador Antonino Pio), o *Diálogo com Trifão* (crítico em relação aos judeus) e o *Discurso aos gregos* (crítico diante da cultura grega); Taciano (século II), assírio de nascimento, grego de formação, que também abriu uma escola em Roma, onde escreve o *Discurso aos gregos* (profundamente crítico da cultura grega); os leigos atenienses Aristides (atuante no início do século II), autor de uma *Apologia* ao imperador Adriano (ou a Antonino Pio), e Atenágoras, autor da apologia *Presbeia*, dirigida aos imperadores Marco Aurélio e Cômodo.

De indiscutível altura teológica e profunda influência na vida e na conformação da Igreja dos séculos III e IV, com reflexos nas discussões dogmáticas dos séculos seguintes, foram as escolas catequéticas de Alexandria do Egito e Cesareia da Palestina, onde atuaram leigos de primeira grandeza. A primeira foi fundada pelo leigo Panteno e teve como mestre o genial Orígenes (185-254); a segunda, fundada, em Cesareia da Palestina, pelo próprio Orígenes. Nessas instituições, jovens pagãos simpatizantes do cristianismo podiam confrontar, sob a guia de um

---

[4] ORÍGENES, *Contra Celsum* 3,9.
[5] A. HARNACK, *Die Mission und Ausbreitung des Christentums in den ersten drei Jahrhunderten*, Leipzig, 1902.
[6] TERTULIANO, *Apologeticum* 37,4.

teólogo de peso, questões filosóficas com a proposta cristã, desbastando, assim, o terreno para sua eventual acolhida na fé.[7]

Ainda que de forma limitada e contrariando a orientação comum, mas autorizados (quando não incentivados) por seus bispos, leigos chegaram mesmo a tomar a palavra nas assembleias litúrgicas e conduzir a homilia; os casos mais célebres são os do já citado Orígenes e de Agostinho.[8] As Constituições Apostólicas, um texto legislativo do século VI, confirmando prática já existente, preveem esta possibilidade: "O mestre, mesmo que seja leigo, desde que tenha a experiência da palavra e seja honesto em sua conduta, deve ensinar, pois 'eles serão todos ensinados por Deus'".[9]

Leigos, entretanto, exerceram, geralmente, ministérios mais simples, como os de ostiário, acólito, exorcista e leitor. É bastante conhecida aquela passagem em que, numa carta, escrita em 251, ao bispo Fábio, de Antioquia, o Papa Cornélio enumera os ministérios existentes à época na Igreja de Roma: "Então, este defensor da pureza do Evangelho não sabia talvez que deve haver um só bispo numa Igreja Católica, na qual existem – e não podia ignorá-lo – quarenta e seis presbíteros, sete diáconos, sete subdiáconos, quarenta e dois acólitos, cinquenta e dois entre exorcistas, leitores e ostiários, e mais de mil e quinhentas viúvas e pessoas necessitadas, todos nutridos pela graça e pela bondade do Soberano [Deus]?".[10]

Na verdade, esses ministérios, com uma ou outra variação, estavam presentes em praticamente todas as áreas da Igreja, pois respondiam a reais necessidades de praticamente todas as comunidades.[11]

Mais tarde, com a introdução progressiva do *cursus clericalis*, exigido pelo grande afluxo de candidatos ao presbiterado que se seguiu ao reconhecimento da Igreja como "religião lícita" por Constantino

---

[7] Cf. H. CROUZEL, *Origene*, Borla, Roma, 1986.
[8] Cf. EUSÉBIO DE CESAREIA, *História Eclesiástica*, VI, 19; SC 41, p. 118.
[9] Constituições Apostólicas, VIII, 32,17; SC, 336, p. 241.
[10] *Storia ecclesiastica* VI,43,11, Città Nuova, Roma, 2001, p. 75.
[11] Cf. E. CATTANEO, *I ministeri nella Chiesa antica. Testi patristici dei primi tre secoli*, Paoline, Milano, 1997, pp. 169-180.

(Edito de Milão, 313) e como "religião oficial" por Teodósio (Edito de Tessalônica, 381), a recepção desses ministérios – chamados, mais tarde, de "ordens menores" – tornou-se passagem obrigatória para a recepção das "ordens maiores", ou seja, o subdiaconato, o diaconato e o presbiterado.

Convém lembrar que, nos primeiros séculos, a pessoa recebia a ordenação para o ministério para o qual tinha sido escolhida (bispo, presbítero, diácono) sem passar por uma preparação formal e sem ter recebido e exercido obrigatoriamente outros ministérios. Era, por isso, comum também o fenômeno da ordenação contra a vontade do candidato que não se sentia chamado ou apto para assumir tal responsabilidade: "O candidato ao ministério episcopal ou presbiteral não afirmava e discernia com a ajuda de guias sábios ter 'vocação', ser chamado. Na época, não se concebia uma vocação em sentido moderno: Deus que chama alguém à vida ministerial. Ninguém se sentia chamado por uma inspiração divina, que necessitava avaliar e verificar segundo as próprias possibilidades e qualidades. O chamado ao ministério se manifestava através da vontade precisa da comunidade cristã, que escolhia os próprios ministros. Quem chama direta e publicamente é a Igreja que vive aqui e agora. A vontade da comunidade reunida em oração é a manifestação concreta e controlável de que alguém é chamado por Deus ao ministério. Como o bispo Cornélio (251-253), foi eleito *de Dei et Christi eius iudicio*" (Cipriano, *Ep.* 55,8,4). Agostinho escreve: "O estado clerical lhe colocou Deus sobre os ombros para um serviço ao seu povo e é mais um peso que uma honra (*clericatum per populum suum Deus imposuit cervicibus ipsius: magis onus est quam honor)*" (*Sermo* 355,6). Se a comunidade quer que alguém seja ordenado, é Deus que o quer. A vontade do escolhido não conta, porque quem foi chamado desta maneira não pode e não deve opor resistência. Diferentemente, coloca-se contra a vontade de Deus. Além disso, a comunidade eclesial chama de acordo com a necessidade os ministros para o serviço pastoral, levando em conta as suas dimensões e a sua extensão no território. Não se é ordenado só porque alguém se sente chamado. Mas Deus, através de diversos sinais, manifesta a sua vontade: a aprovação e os testemunhos do povo, o consenso unânime, a aprovação dos bispos das Igrejas vizinhas, no caso do ministério episcopal".[12] O caso mais famoso

---

[12] A. DI BERARDINO, La vocazione ministeriale nel periodo patristico, em: *Seminarium* 1-2 (2006), p. 269; cf. Y. CONGAR, Ordinations invitus, coactus,

é o de Ambrósio, governador das províncias romanas da Lombardia, Ligúria e Emília, no norte da Itália, que, ainda catecúmeno, foi aclamado pelo clero e pelo povo como bispo de Milão; teve que acelerar o catecumenato e, uma vez recebidos os sacramentos da iniciação, foi imediatamente ordenado bispo.

À medida, porém – retomando a questão dos ministérios assumidos por leigos –, que o clero vai assumindo um número maior de tarefas e responsabilidades no interior da Igreja, "os colaboradores leigos tendem a desaparecer".[13] Esta, aliás, parece ter sido a regra, ao longo da história: normalmente, não se verifica uma distribuição de funções dos ministérios ordenados para ministros não ordenados, mas uma absorção;[14] o que está acontecendo atualmente, em que leigos e leigas assumem tarefas tradicionalmente próprias dos ministérios ordenados, denuncia, paradoxalmente, num sentido que explicaremos no final deste trabalho, uma disfunção institucional, da qual a suplência em maior ou menor grau praticamente generalizada é apenas um sintoma.

---

de l'Église ancienne au canon 214, em: *Revue des Sciences Philosophiques et Théologiques*, vol. 50 (1966), pp. 169-197.

[13] A. M. ERBA, Storia del laico, em: E. ANCILLI (ed.), *Dizionario di spiritualità dei laici*, Milano, 1981, p. 370.

[14] Cf. COMISSÃO TEOLÓGICA INTERNACIONAL, Diaconato: evoluzione e prospettive, em: *Il Regno*, Documenti, 48, (2003), pp. 275-303.

Capítulo II

A redescoberta da diversidade ministerial pelo Vaticano II

Qual a novidade, então, do Vaticano II (1962-1965) em relação aos ministérios de leigos e leigas?

A novidade é que o Concílio, apoiado em sérios e prolongados estudos bíblicos, patrísticos e litúrgicos, levados a termo na longa pré-história do Vaticano II, ensina que, na Igreja, há diversidade de ministérios, e que os leigos podem assumir verdadeiros e próprios ministérios, permanecendo leigos.

As primeiras afirmações conciliares sobre a diversidade de ministérios aparecem na Constituição *Sacrosanctum Concilium*, aprovada em 4 de dezembro de 1963: "As ações litúrgicas não são ações privadas, mas celebrações da Igreja, que é 'sacramento de unidade', isto é, Povo santo reunido e ordenado sob a direção dos Bispos. Por isso, tais ações pertencem a todo o Corpo da Igreja, manifestam-no, atingindo, porém, cada um dos membros de modo diverso, segundo a variedade de estados, funções e participação atual".[1] A Igreja toda, portanto, reunida em assembleia, na diversidade de seus membros, estados e funções, é o sujeito integral da ação litúrgica,[2] máximo na sinaxe eucarística, que constitui "a principal expressão da Igreja local".[3] Este princípio da unidade na diversidade e da diversidade na unidade vai impregnar o conjunto da obra conciliar, especialmente sua eclesiologia.[4] Na verdade, com a

---

[1] *Sacrosanctum Concilium* 26.

[2] Cf. Y. CONGAR, L'ecclesia ou communauté chrétienne, sujet intégral de l'action liturgique, em: J. P. JOSSUA; Y. CONGAR (eds.), *La liturgie après Vatican II*, Cerf, Paris, 1967, pp. 241-268.

[3] *Sacrosanctum Concilium* 41.

[4] Cf. *Lumen gentium* 2-4; *Unitatis redintegratio* 2; *Ad gentes* 2-4.

mesma determinação com que exalta a unidade, o Concílio reconhece e acolhe a diversidade: diversidade de povos e nações, de línguas e culturas, de hábitos e costumes, mas também de tradições litúrgicas e espirituais, de disciplinas e expressões teológicas da mesma verdade revelada.[5]

Nesse sentido, vale a pena citar, na íntegra, o que a Constituição dogmática *Lumen gentium* ensina sobre a catolicidade da Igreja: "Em virtude desta mesma catolicidade, cada uma das partes traz às outras e a toda a Igreja os seus *dons particulares*, de maneira que o todo e cada uma das partes aumentem pela comunicação mútua entre todos e pela aspiração comum à plenitude na unidade. Daí vem que o Povo de Deus não só se forma de elementos oriundos de diversos povos, mas também se compõe ele mesmo de *várias ordens*. Existe de fato *diversidade entre os seus membros, quer segundo as funções, enquanto alguns desempenham o sagrado ministério a favor de seus irmãos, quer segundo a condição e estado de vida*, enquanto muitos, no estado religioso, buscando a santidade por um caminho mais estreito, estimulam os irmãos com o seu exemplo. É também por isso que na comunhão eclesial existem legitimamente *igrejas particulares com tradições próprias*, sem detrimento do primado da cátedra de Pedro, que preside a universal assembleia da caridade, protege as *legítimas diversidades* e vigia para que as particularidades ajudem a unidade e de forma alguma a prejudiquem. Daí, finalmente, os laços de íntima união entre as diversas partes da Igreja, quanto às riquezas espirituais, obreiros apostólicos e ajudas materiais. Pois os membros do Povo de Deus são chamados a repartir entre si os bens, valendo para cada igreja as palavras do Apóstolo: '*Cada um* ponha ao serviço dos outros *o dom* que recebeu, como bons administradores da *multiforme graça de Deus*' (1Pd 4,10)".[6]

O princípio, aliás, já estava antecipado na *Sacrosanctum Concilium*, que, ao abordar a questão da adaptação, dizia: "Não é desejo da Igreja impor, nem mesmo na Liturgia, a não ser quando está em

---

[5] Veja-se, por exemplo, o que o Decreto sobre o ecumenismo afirma sobre o caráter e a história própria dos orientais (UR 14), sua tradição litúrgica e espiritual (UR 15), sua disciplina própria (UR 16) e o caráter da sua teologia (UR 17).

[6] *Lumen gentium* 13 c.

causa a fé e o bem de toda a comunidade, uma forma única e rígida, mas respeitar e procurar desenvolver as qualidades e dotes de espírito das várias raças e povos. A Igreja considera com benevolência tudo o que, nos seus costumes, não está indissoluvelmente ligado a superstições e erros, e, quando é possível, mantém-no inalterável, por vezes chega a aceitá-lo na Liturgia, se se harmoniza com o verdadeiro e autêntico espírito litúrgico".[7] O texto soa revolucionário e original, mas foi esta a regra nos primeiros séculos, o que explica a unidade da fé e a multiplicidade de ritos!

O documento conciliar em que aparece o maior número de afirmações sobre a diversidade de ministérios e sobre a conferição de ministérios a leigos não podia não ser a *Lumen gentium*, ou seja, a Constituição Dogmática sobre a Igreja.

No capítulo I, sobre o mistério da Igreja, encontramos três ocorrências, todas no número 7, sobre o Corpo de Cristo: "Na edificação do Corpo de Cristo, há diversidade de membros e de funções. Um só é o Espírito que, para utilidade da Igreja, distribui seus vários dons segundo suas riquezas e as necessidades dos ministérios (cf. 1Cor 12,1-11) [...]. Ele mesmo distribui continuamente os dons dos ministérios no seu corpo que é a Igreja, através dos quais, pela força derivada dele, nos prestamos mutuamente os serviços para a salvação, de tal forma que, vivendo a verdade na caridade, em tudo cresçamos nele, que é a nossa Cabeça (cf. Ef 4,11-16, grego)".[8]

No capítulo II, sobre o povo de Deus, no contexto da função profética de todo o povo de Deus, não se fala apenas dos carismas em geral, mas de carismas que tornam as pessoas aptas a assumirem ministérios: "Não é apenas através dos sacramentos e dos ministérios que o Espírito Santo santifica e conduz o Povo de Deus e o orna de virtudes,

---

[7] *Sacrosanctum Concilium* 37. Cinquenta anos depois, alguns setores da Igreja parecem ter-se esquecido desta regra, não só não permitindo nenhum avanço no processo de adaptação, mas, ultimamente, impondo traduções literais dos textos litúrgicos, defendendo alguns até uma "reforma da reforma litúrgica", autorizando, para grupos nada ou pouquíssimo afinados com o Vaticano II, o uso do Missal de São Pio V.

[8] *Lumen gentium* 7 "c" e "f".

mas, repartindo seus dons "a cada um como lhe apraz" (1Cor 12,11), distribui entre os fiéis de qualquer classe mesmo graças especiais. Por elas, torna-os aptos e prontos a tomarem sobre si os vários trabalhos e ofícios, que contribuem para a renovação e maior incremento da Igreja, segundo as palavras: "A cada um é dada a manifestação do Espírito para utilidade comum (1Cor 12,7)".[9] Ainda no capítulo II, há outra referência à diversidade de ministérios, quando *Lumen gentium* fala da catolicidade da Igreja: "Em virtude desta catolicidade, cada uma das partes traz seus próprios dons às demais partes e a toda a Igreja. Assim, o todo e cada uma das partes aumentam, comunicando entre si todas as riquezas e aspirando à plenitude na unidade. Daí resulta que o Povo de Deus não é só a reunião dos diversos povos, mas, em sua estrutura interna, é também composto de várias ordens. Pois há diversidade entre seus membros, quer de ofícios, enquanto alguns exercem o sagrado ministério a bem de seus irmãos; quer de condição e modo de vida, enquanto um maior número, no estado religioso, tendendo à santidade por um caminho mais estreito, estimula os irmãos com o seu exemplo".[10] Ao introduzir o discurso sobre o ministério presbiteral, *Lumen gentium* diz: "Os bispos passaram legitimamente o múnus de seu ministério, em grau diverso, a pessoas diversas na Igreja".[11]

O capítulo III, embora trate da constituição hierárquica da Igreja, abre-se com uma afirmação densa e prenhe de consequências: "Para apascentar e aumentar sempre o Povo de Deus, Cristo Senhor instituiu na sua Igreja uma variedade de ministérios que tendem ao bem de todo o Corpo".[12] Lembra que os apóstolos "tiveram vários auxiliares no ministério [...]. Entre aqueles vários ministérios que, desde os primeiros tempos, são exercidos na Igreja, conforme atesta a tradição".[13]

No capítulo IV, sobre o laicato, volta à tona a ideia da diversidade das graças, mas também dos ministérios: "Por instituição divina, a santa Igreja é estruturada e regida com admirável variedade. 'Pois, como em

---

[9] Ibid. 12 b.
[10] Ibid. 13 c.
[11] Ibid. 28 a.
[12] Ibid. 18.
[13] Ibid. 20 b.

um só corpo temos muitos membros, mas todos os membros não têm a mesma função, assim nós, embora sejamos muitos, somos um só corpo em Cristo, e cada um de nós somos membros uns dos outros' (Rm 12,4-5)".[14] Desse modo, "na variedade, todos dão testemunho da admirável unidade existente no Corpo de Cristo. Pois a própria diversidade das graças, ministérios e trabalhos unifica os filhos de Deus, porque 'tudo isso opera um e o mesmo Espírito' (1Cor 12,11)".[15]

É neste mesmo capítulo IV, um pouco adiante, no n. 33, que os Padres conciliares, depois de terem evocado o apostolado que incumbe a todos os fiéis sem exceção, em virtude do batismo como "participação na própria missão salvífica da Igreja",[16] afirmam, com toda a clareza, que "os leigos podem, de diversos modos, ser chamados a uma cooperação mais imediata com o apostolado da hierarquia, à semelhança daqueles homens e mulheres que ajudavam o apóstolo Paulo no Evangelho, trabalhando muito no Senhor (cf. Fl 4,3; Rm 16,3ss.). Além disso, gozam da aptidão de serem designados pela hierarquia para algumas funções eclesiásticas a serem exercidas para um fim espiritual".[17]

Um ano após a aprovação e promulgação da *Lumen gentium*, o tema da diversidade de dons e ministérios e, especificamente, dos ministérios que podem ser confiados a leigos, reaparece no Decreto *Apostolicam actuositatem* e na Constituição pastoral *Gaudium et spes*.

Calcado sobre *Lumen gentium* 33 b, o parágrafo 3 d de *Apostolicam actuositatem* diz: "O Espírito Santo – que opera a santificação do Povo de Deus por meio do ministério e dos sacramentos – concede também aos fiéis, para exercerem este apostolado, dons particulares (cf. 1Cor 12,7), 'distribuindo-os para cada um conforme lhe apraz' (1Cor 12,11), a fim de que 'cada um ponha ao serviço dos outros a graça que recebeu' e todos atuem, 'como bons administradores da multiforme graça de Deus' (1Pd 4,10), para a edificação, no amor, do corpo todo (cf. Ef 4,1). A recepção destes carismas, mesmo dos mais simples, confere a

---

[14] Ibid. 32 a.
[15] Ibid. 32 c.
[16] Ibid. 33 b.
[17] Ibid. 33 b.

cada um dos fiéis o direito e o dever de os atuar na Igreja e no mundo, para o bem dos homens e a edificação da Igreja, na liberdade do Espírito Santo, que 'sopra onde quer' (Jo 3,8) e, simultaneamente, em comunhão com os outros irmãos em Cristo, sobretudo com os próprios pastores; a estes compete julgar da sua autenticidade e exercício ordenado, não de modo a apagarem o Espírito, mas para que tudo apreciem e retenham o que é bom (cf. 1Ts 5,12.19.21)".[18]

Apostolicam actuositatem, mais adiante, tratando da espiritualidade dos leigos, a certa altura ressalta e assume como valor a diversidade: "Esta espiritualidade dos leigos deverá assumir características especiais, conforme o estado de matrimônio e familiar, de celibato ou viuvez, situação de enfermidade, atividade profissional e social. Não deixem, por isso, de cultivar assiduamente as qualidades e dotes condizentes a essas situações, e utilizar os dons por cada um recebidos do Espírito Santo".[19]

O decreto sobre os leigos valoriza, ainda, aqueles leigos e leigas que se entregam a um título especial ao serviço da Igreja: "São dignos de especial honra e recomendação na Igreja aqueles leigos, solteiros ou casados, que se dedicam, perpétua ou temporariamente, com a sua competência profissional, ao serviço das instituições e suas atividades. É de grande alegria para a Igreja que cresça cada vez mais o número de leigos que prestam o seu serviço às associações e obras de apostolado dentro da própria nação, ou no campo internacional ou, sobretudo, nas comunidades católicas das missões e das Igrejas mais recentes".[20]

Apostolicam actuositatem, descritivamente, faz uma referência também a leigos que assumem tarefas "mais intimamente" ligadas ao múnus pastoral, seja no âmbito da palavra, do culto ou do pastoreio da comunidade cristã: "A hierarquia confia aos leigos certas tarefas mais intimamente ligadas ao múnus pastoral, como, por exemplo, no ensino da doutrina cristã, nalguns atos litúrgicos e na cura de almas. Em virtude

---

[18] *Apostolicam actuositatem* 3 d.
[19] Ibid. 4 f.
[20] Ibid. 22 a.

desta missão, os leigos ficam plenamente sujeitos à superior direção eclesiástica, no respeitante ao desempenho desse encargo".[21]

Gaudium et spes situa a diversidade de dons e ministérios na Igreja Comunhão e Corpo de Cristo: "Primogênito entre muitos irmãos, estabeleceu, depois da sua morte e ressurreição, com o dom do seu Espírito, uma nova comunhão fraterna entre todos os que o recebem com fé e caridade, a saber, na Igreja, que é o seu corpo, no qual todos, membros uns dos outros, se prestam mutuamente serviço segundo os diversos dons a cada um concedidos".[22] Por outro lado, valorizando a simples presença da Igreja no mundo e seu testemunho, a Constituição Pastoral retoma, no número 43, o tema da variedade de dons: "Com a sua vida e palavra, juntos com os religiosos e os seus fiéis, mostrem que a Igreja, com todos os dons que contém em si, é só pela sua simples presença uma fonte inexaurível daquelas virtudes de que tanto necessita o mundo de hoje".[23]

Ad gentes, o decreto sobre a atividade missionária da Igreja, aprovado em 7 de dezembro de 1965, exatamente um ano depois da *Lumen gentium*, um dia antes do encerramento do Concílio, traz elementos preciosos para a compreensão dos ministérios. Aqui, a diversidade dos ministérios é contemplada no processo de implantação da Igreja e de sua projeção missionária: "Não basta, porém, que o povo cristão esteja presente e estabelecido num país; não basta também que ele exerça o apostolado do exemplo; está estabelecido, está presente com esta finalidade: anunciar Cristo aos seus concidadãos não cristãos pela palavra e pela ação, e ajudá-los a receber plenamente a Cristo. Ora bem: para a implantação da Igreja e para o desenvolvimento da comunidade cristã, são necessários ministérios diversos, que, suscitados pelo apelo divino no seio da mesma comunidade dos fiéis, devem ser encorajados e cultivados por todos com diligente cuidado; entre estes ministérios, há as funções dos sacerdotes, dos diáconos e dos catequistas, e a Ação Católica. De modo análogo, os religiosos e as religiosas desempenham,

---

[21] Ibid. 24 f.
[22] *Gaudium et spes* 32 d.
[23] Ibid. 43 b.

quer pela oração quer pela ação, um serviço indispensável para enraizar nos corações o reino de Cristo, fortificá-lo e estendê-lo mais ao longe".[24]

A sequência do decreto é perfeitamente coerente com esta afirmação: trata do estabelecimento do clero local (AG 16), da formação dos catequistas (AG 17) e, finalmente, da promoção da vida religiosa (AG 18); no capítulo seguinte, depois de falar das Igrejas locais (AG 19) e de sua atividade missionária (AG 20), o decreto dedica-se ao apostolado dos leigos (AG 21).

Ad gentes 21, na verdade, é uma das pérolas do Vaticano II sobre o laicato. Ensina que "a Igreja não está fundada verdadeiramente, nem vive plenamente, nem é o sinal perfeito de Cristo entre os homens se, com a hierarquia, não existe e trabalha um laicado autêntico".[25] Afirma, em seguida, que os leigos "pertencem, ao mesmo tempo, ao Povo de Deus e à sociedade civil: pertencem, por um lado, à nação em que nasceram, de cujos tesouros culturais participam pela educação, a cuja vida estão ligados por múltiplos laços sociais, para cujo progresso cooperam com o seu esforço nas suas profissões, cujos problemas sentem e procuram resolver como próprios; pertencem também a Cristo, porque foram regenerados na Igreja pela fé e pelo batismo, a fim de serem de Cristo pela renovação da vida e ação, para que em Cristo tudo seja submetido a Deus, e, enfim, Deus seja tudo em todos".[26] Insiste que o principal dever dos leigos, homens e mulheres, "é o testemunho de Cristo, que eles têm obrigação de dar, pela sua vida e palavras, na família, no grupo social, no meio profissional. É necessário que se manifeste neles o homem novo criado segundo Deus em justiça e santidade verdadeira".[27] E, no último parágrafo, toca na questão dos ministérios que os leigos podem exercer: "Finalmente, onde for possível, devem os leigos estar prontos a cumprir, em colaboração mais imediata com a hierarquia, a missão especial de anunciar o Evangelho e comunicar a doutrina cristã, a fim de tornarem mais vigorosa a Igreja nascente".[28]

---

[24] *Ad gentes* 15 h-i.
[25] Ibid. 21 a.
[26] Ibid. 21 b.
[27] Ibid. 21 c.
[28] Ibid. 21 c.

O tema da diversidade dos ministérios interessa, na verdade, a todas as Igrejas, às antigas e às novas, à Igreja Católica e às Igrejas ortodoxas e protestantes: "O Espírito Santo habita nos crentes, enche e rege toda a Igreja, realiza aquela maravilhosa comunhão dos fiéis e une a todos tão intimamente em Cristo, que é princípio da unidade da Igreja. Ele faz a distribuição das graças e dos ofícios, enriquecendo a Igreja de Jesus Cristo com múltiplos dons, 'a fim de aperfeiçoar os santos para a obra do ministério, na edificação do corpo de Cristo' (Ef 4,12)".[29]

Como que a compendiar as muitas afirmações conciliares sobre a diversidade de carismas e ministérios, é obrigatório citar *Apostolicam actuositatem* 2: "Existe, na Igreja, diversidade de funções, mas unidade de missão". A Igreja nasce da missão e vive para a missão e, para que esta possa se realizar em todos os tempos e lugares, para todos e cada um dos seres humanos, o ministério precisa ser vário, diversificado, plural.

---

[29] *Unitatis redintegratio* 2 b.

Capítulo III

Medellín: a opção pelas comunidades eclesiais de base

Nos documentos de Medellín (1968) que abordam o decisivo tema da diversidade de carismas e ministérios – Pastoral de Conjunto e Movimentos de Leigos –, encontra-se muito pouco – para não dizer nada – sobre o tema dos novos ministérios ou, mais especificamente, sobre ministérios não ordenados.

Segundo Medellín, "toda revisão das estruturas eclesiais, no que têm de reformável, deve fazer-se para satisfazer às exigências de situações históricas concretas, mas também com os olhos fixos na natureza da Igreja",[1] que é "mistério de comunhão católica".[2]

Essa realidade, "longe de impedir, exige que, dentro da comunidade eclesial, exista multiplicidade de funções específicas, pois, para que ela se constitua e possa cumprir sua missão, o próprio Deus suscita em seu seio diversos ministérios e outros carismas que determinam, a cada qual, um papel peculiar na vida e na ação da Igreja".[3] Nenhuma referência explícita, porém, a ministérios de leigos e leigas; apenas aos ministérios que "introduzem na Igreja uma dimensão estrutural de direito divino".[4]

Na Igreja, todos não só gozam da comum dignidade de filhos de Deus, mas "podem também partilhar da responsabilidade e do trabalho

---

[1] *Medellín* 15, 5.
[2] Ibid. 15, 6.
[3] Ibid. 15, 7.
[4] Ibid. 15, 7.

para realizar a comum missão de dar testemunho do Deus que os salvou e os tornou irmãos em Cristo".[5]

A ideia de unidade da missão e diversidade de carismas e ministérios em vista da comum missão eclesial aparece claramente afirmada também no documento sobre "Movimento de leigos": "No seio do Povo de Deus, que é a Igreja, há unidade de missão e diversidade de carismas, serviços e funções, obra do mesmo e único Espírito (cf. 1Cor 12,11), de modo que todos, a seu modo, cooperem unanimemente na obra comum".[6]

Medellín anota que a participação dos leigos não é uma concessão, mas um direito-dever, e que, em função do sacerdócio comum, "gozam, na comunidade, do direito e têm o dever de trazer indispensável colaboração para a pastoral".[7]

Além disso, a II Conferência constata não só uma "crescente valorização do papel do leigo no desenvolvimento do mundo e da Igreja",[8] mas, ao mesmo tempo, "o desejo dos leigos de participar nas estruturas pastorais da Igreja".[9]

A contribuição maior, porém, de Medellín, para a renovação das estruturas pastorais, com profundas repercussões em toda a vida e ação da Igreja, deve ser situada, sem dúvida, em sua opção pelas comunidades eclesiais (às vezes, chamadas também cristãs) de base.

Mencionadas por Eugênio Sales, Muñoz Vega, Silva Henríquez e Leônidas Proaño em suas conferências,[10] das comunidades de base se ocuparam vários documentos.

---

[5] Ibid. 15, 6; cf. LG 9, 17 e 32; AA 3.

[6] Ibid. 10, 7.

[7] Ibid. 11, 16.

[8] Ibid. 11, 10.

[9] Ibid. 15, 3.

[10] Estas são as conferências: (1) Marcos McGrath, bispo de Santiago de Veraguas, Panamá, segundo vice-presidente do Celam: "Los Signos de los Tiempos Hoy", em: *II Conferencia General del Episcopado Latinoamericano – La Iglesia en la Actual Transformación de América Latina a la Luz del Concilio, I – Ponencias*, Secretariado General del Celam, Bogotá, 1969, 2. ed., 73-100; (2) Eduardo F. Pironio, Secretário Geral da II Conferência e Secretário Geral do Celam, "Interpretación

O documento sobre a "Paz" prospecta o desenvolvimento das "pequenas comunidades sociológicas de base", para "estabelecer um equilíbrio diante dos grupos minoritários, que são os grupos de poder", o que só é possível "pela animação das mesmas comunidades mediante seus elementos naturais e atuantes, nos respectivos meios".[11]

O documento "Pastoral Popular" propõe "a formação do maior número possível de comunidades eclesiais nas paróquias, especialmente rurais e de marginalizados urbanos". Essas comunidades devem buscar o seguinte perfil: "Basear-se na Palavra de Deus e realizar-se, enquanto possível, na celebração eucarística sempre em comunhão e na dependência do bispo. A comunidade se formará à medida que seus membros tiverem um sentido de pertença (de 'nós') que os leve a ser solidários numa missão comum, numa participação ativa, consciente e frutuosa na vida litúrgica e na convivência comunitária". Em vista da formação dessas comunidades, os bispos pedem urgência na entrada em vigor do diaconato permanente e chamam "a uma participação mais ativa os religiosos, religiosas, catequistas especialmente preparados e apóstolos leigos".[12]

"Vivendo conforme a vocação a que foram chamados", os membros das comunidades de base devem exercer "as funções que Deus

---

Cristiana de los Signos de los Tiempos Hoy en América Latina", ibid., 101-122; (3) Eugênio de Araújo Sales, Administrador Apostólico de Salvador, Bahia, e presidente do Departamento de Ação Social do Celam: "La Iglesia en América Latina y la Promoción Humana", ibid., 123-144; (4) Samuel Ruíz G., Bispo de San Cristóbal de las Casas, Chiapas, México, "La Evangelización en América Latina", ibid., 144-172; (5) Luís Eduardo Henríquez, Bispo Auxiliar de Caracas, presidente do Departamento de Seminários do Celam, "Pastoral de Masas y Pastoral de Elites", ibid., 173-228; (6) Pablo Muñoz Vega, Arcebispo de Quito, Primeiro Vice-Presidente do Celam, "Unidad Visible de la Iglesia y Coordinación Pastoral", ibid., 229-247; (7) Leonidas E. Proaño, Bispo de Riobamba, Presidente do Departamento de Pastoral de Conjunto do Celam, "Coordinación Pastoral", ibid., 249-269 (cf. J. O. BEOZZO, Medellín: inspiração e raízes, em: *Portal Koinonía / RELat* 201).

[11] *Medellín* 1, 20.
[12] Ibid. 6, 13-14.

lhes confiou, sacerdotal, profética e real", fazendo da comunidade "um sinal da presença de Deus no mundo."[13]

O que é realmente decisivo é sua plena eclesialidade e, consequentemente, seu caráter de sujeito social eclesial em todas as dimensões da vida eclesial: "A comunidade cristã de base é o primeiro e fundamental núcleo eclesial, que deve, em seu próprio nível, responsabilizar-se pela riqueza e expansão da fé, como também pelo culto que é sua expressão. É ela, portanto, célula inicial da estrutura eclesial e foco de evangelização e, atualmente, fator primordial de promoção humana e desenvolvimento".[14]

Medellín parece estar mais preocupado com a transformação dos ministérios dos bispos e presbíteros e com a implementação do diaconato do que, propriamente, com a criação de novos ministérios. Suas afirmações, porém, sobre unidade e diversidade de ministérios, de um lado, e sua opção pelas comunidades eclesiais de base, do outro, foram determinantes para o surgimento de novos ministérios, especificamente, de ministérios não ordenados, na Igreja latino-americana.

A tarefa de criar ministérios não ordenados, em termos de magistério universal, na verdade, coube a Paulo VI, através do *motu proprio Ministeria quaedam*, editado em 15 de agosto de 1971.

---

[13] Ibid. 15, 11.
[14] Ibid. 15, 10.

Capítulo IV

Ministeria quaedam: o fim de um monopólio clerical

As afirmações conciliares sobre diversidade de ministérios e a possibilidade de leigos exercerem verdadeiros e próprios ministérios eclesiais talvez não fossem suficientes para provocar a explosão de ministérios que se deu na Igreja, especialmente na América Latina, sobretudo a partir da década de 1970.

Outro fator, de distinta ordem, foi providencialmente agregado à nova consciência de Igreja expressa nos documentos do Vaticano II: algumas mudanças no direito eclesial, permitindo novas práticas no âmbito dos ministérios.

Paulo VI, através do *motu proprio Ministeria quaedam*, de 15 de agosto de 1971,[1] aboliu, para a Igreja universal, as ordens menores (ostiário, leitor, exorcista e acólito), suprimiu o subdiaconato (contado então entre as ordens maiores), substituiu o termo "ordens" pelo termo "ministérios", estabeleceu os ministérios de leitor e acólito, que, segundo a nova normativa, "podem ser confiados também aos fiéis leigos, de modo que não sejam mais considerados como reservados aos candidatos ao sacramento da ordem".[2]

Fazia séculos que, na Igreja Católica, não havia senão ministérios exercidos por clérigos. Pela tonsura, adquiria-se o *status* clerical e, como

---

[1] PAULO VI, *Motu proprio Ministeria quaedam*, de 15 de agosto de 1972, em: *AAS* 64 (1972), 529-534.

[2] Cf. H. M. LEGRAND, Fin du clergé, nouveau visage des ministères et vie des religieuses, em: *Forma gregis* 24 (1972); R. BÉRAUDY, Les ministères institués dans *Ministeria quaedam* et *Ad pascendum*, em: *La Maison Dieu*, 115 (1973), pp. 86-96; T. CITRINI, Teologia dei ministeri e tensioni costituzionali dell'ecclesiologia, em: *La Scuola Cattolica*, 104 (1976); id., La questione teologica dei ministeri, em: *I laici nella Chiesa*, Torino, 1986, pp. 57-72.

passos obrigatórios para as ordens maiores, o clérigo devia receber o ostiariato, o acolitado, o exorcistado, o leitorado e o subdiaconato. Em poucas linhas, "o *motu proprio* de 1972 quebrou um monopólio clerical de muitos séculos, que não correspondia, entretanto, ao conjunto da tradição. De agora em diante, ministérios oficiais podem ser exercidos por leigos: ao lado do presbiterado e do diaconato, diversos ministérios são susceptíveis de ser conferidos a leigos, mas esses 'novos' ministérios não se reduzem ao leitorado e ao acolitado, pois o *motu proprio Ministeria quaedam* reconhecia às conferências episcopais a prerrogativa de instituir, em sua respectiva área, outros ministérios que julgassem úteis. Oficialmente, abria-se, desse modo, a perspectiva de uma diversidade de ministérios e, consequentemente, colocava-se, então, a questão da sua especificidade [...]. A identidade desses ministérios não podia mais ser construída a partir do presbiterado como se fossem degraus prévios, na perspectiva de uma carreira clerical desembocando na ordenação presbiteral. Abandona-se uma lógica linear culminando no ministério dos presbíteros e dos bispos. Doravante, esses 'novos' ministérios não repousam mais sobre uma participação no ministério presbiteral, do qual seriam produtos derivados. Eles têm sua consistência própria".[3]

Os dois ministérios de leitor e acólito, na verdade, salvo raras exceções, não se desenvolveram, na prática pastoral de nossas Igrejas, como ministérios autônomos exercidos por leigos; o princípio (ou o formato, como dizem alguns), porém, teve inegável sucesso. As Igrejas locais entreviram, nesta nova forma de ministério, um enquadramento teológico e canônico pastoralmente viável para dar uma resposta institucional a novas demandas da missão.

Algumas práticas anteriores a *Ministeria quaedam* ou eram pensadas como atividades auxiliares aos sacerdotes (pense-se nos "catequistas leigos" de Júli, no Peru, ou nos "catequistas populares" de Barra do Piraí, RJ) ou se baseavam num texto pontual do Vaticano II (como é o caso dos "Delegados da Palavra" de Honduras, apoiados em SC 35 d) ou no Plano de Emergência, da CNBB, propondo a transformação das

---

[3] A. BORRAS; G. ROUTHIER, *Les nouveaux ministères; diversité et articulation*, Médiaspaul, Montréal, 2009, p. 26.

paróquias em "comunidades de fé, de culto e de caridade" (exemplo é São Mateus, no Espírito Santo), ou em Medellín, com sua opção pelas "comunidades eclesiais de base", que já começavam a engatinhar em alguns lugares.[4]

---

[4] Cf. A. J. DE ALMEIDA, *Ministérios não ordenados na Igreja latino-americana*, Loyola, São Paulo, 1989, pp. 18ss.

Capítulo V

A extraordinária emergência de novas práticas eclesiais

Na verdade, nos anos imediatamente anteriores ao Concílio e, sobretudo, na década sucessiva, assistiu-se a uma floração incomparável de iniciativas pastorais novas e diversificadas que, de diversas maneiras, contribuíram decisivamente para a chamada "explosão de ministérios".

Percorrendo os relatórios das experiências sobre novos ministérios e as análises levadas a efeito por sociólogos e pastoralistas, chega-se à conclusão de que, para explicar este fenômeno, além de uma nova teoria (a eclesiologia do Vaticano II e a correlativa teologia dos ministérios),[1] há uma nova prática,[2] que remete àquela teoria e, por seu próprio dinamismo, reclama novos horizontes teóricos.

Cinco fatores, parece-nos, estão diversamente presentes neste fantástico processo: (a) o desejo de participação, que, além de ser uma marca da sociedade e da cultura modernas, a Igreja Católica vinha alimentando havia décadas, particularmente na Ação Católica, no despertar do interesse pela comunidade e na celebração litúrgica; (b) a escassez de presbíteros, que, no Brasil, é um problema crônico, que se arrasta desde a Colônia e nunca encontrou uma solução satisfatória, mesmo nos picos de recrutamento vocacional e de ordenações;[3] (c) a evolução

---

[1] Cf. ibid., p. 114.

[2] "O Vaticano II permitiu à Igreja Católica pensar a diversidade, notadamente dos ministérios. Mas isto não podia bastar para mudar de chofre as mentalidades. Para que a diversidade dos ministérios se traduzisse nos fatos, foram necessárias, de um lado, as alterações no nível do direito e, do outro, o consentimento a novas práticas. Estas permitiram as aprendizagens e fizeram evoluir as mentalidades" (A. BORRAS; G. ROUTHIER, *Les nouveaux ministères*, cit., p. 22).

[3] Cf. A. J. DE ALMEIDA, *Os ministérios não ordenados na Igreja latino-americana*, Loyola, São Paulo, 1989, pp. 92-98.

da figura do presbítero, provocada pela Ação Católica, sobretudo especializada, pelos deslocamentos visando a uma nova configuração do ministério presbiteral emersos antes, durante e depois do Vaticano II (da liturgia para a missão; da missão para a comunidade; da comunidade para a sociedade), pelo Plano de Emergência (1962-1965) e, sobretudo, pelo Plano de Pastoral de Conjunto (1966-1970; 1970-1975); (d) a complexificação da ação evangelizadora, ou seja, das respostas cada vez mais amplas, exigentes e diversificadas que a Igreja é chamada a dar numa sociedade em rápida e profunda transformação, obrigando a Igreja a dar uma resposta global a um problema global;[4] (e) as comunidades eclesiais de base, que, tanto em nível sociológico quanto teológico, exigem funções distintas e, por sua própria dinâmica, as suscitam.[5]

Fato é que, aqui no Brasil e em outros países da América Latina, no final da década de 1970, o panorama ministerial viu-se profundamente mudado. Como que a testemunhar e documentar este fenômeno, a XV Assembleia Geral da CNBB realizou, através de círculos de estudos, um amplo levantamento dos ministérios que vinham surgindo nas comunidades de base e em outros âmbitos eclesiais. Sem pretensão de sistematização perfeita, antes, quase empiricamente, os ministérios levantados foram classificados por categorias enunciadas simplesmente em ordem alfabética, buscando, na medida do possível, conservar todos os elementos indicados. Elaboraram-se treze categorias de classificação: (1) ministérios de administração; (2) ministérios de animação; (3) ministérios de caridade; (4) ministérios de coordenação; (5) ministérios litúrgicos; (6) ministérios missionários; (7) ministérios de oração; (8) ministérios da Palavra; (9) ministérios de presidência; (10) ministérios dos sacramentos; (11) ministérios pastorais; (12) ministérios de promoção humana; (13) ministérios de promoção e defesa da justiça. Ao todo, distribuídos pelas treze categorias, setenta e três "novos ministérios"![6]

---

[4] Cf. ibid., pp. 98-106.
[5] Cf. ibid., pp. 106-114.
[6] CNBB, Ministérios numa Igreja Particular, em: *SEDOC*, 9 (1977), 1035ss.

Capítulo VI

Evangelii nuntiandi: a carta magna dos novos ministérios

Coube ao Sínodo sobre a Evangelização no Mundo de Hoje (1974) e à exortação apostólica *Evangelii nuntiandi* (8 de dezembro de 1975), do Papa Paulo VI, acolher os novos ministérios na Igreja moderna e lançar as luzes da reflexão teológica e pastoral, e do magistério universal, sobre este alvissareiro fenômeno.

Paulo VI tem clareza sobre a missão própria e peculiar do leigo: "A sua primeira e imediata tarefa não é a instituição e o desenvolvimento da comunidade eclesial – esse é o papel específico dos Pastores –, mas sim o pôr em prática todas as possibilidades cristãs e evangélicas escondidas, mas já presentes e operantes, nas coisas do mundo. O campo próprio da sua atividade evangelizadora é o mesmo mundo vasto e complicado da política, da realidade social e da economia, como também o da cultura, das ciências e das artes, da vida internacional, dos *mass media* e, ainda, outras realidades abertas para a evangelização, como sejam o amor, a família, a educação das crianças e dos adolescentes, o trabalho profissional e o sofrimento. Quanto mais leigos houver impregnados do Evangelho, responsáveis em relação a tais realidades e comprometidos claramente nas mesmas, competentes para as promover e conscientes de que é necessário fazer desabrochar a sua capacidade cristã muitas vezes escondida e asfixiada, tanto mais essas realidades, sem nada perder ou sacrificar do próprio coeficiente humano, mas patenteando uma dimensão transcendente para o além, não raro desconhecida, se virão a encontrar ao serviço da edificação do reino de Deus e, por conseguinte, da salvação em Jesus Cristo".[1]

---

[1] *Evangelii nuntiandi* 70.

Os leigos, porém, já o ensinara não menos claramente o Vaticano II, são chamados a desenvolver sua missão não só no mundo, mas também na Igreja.[2] A presença dos leigos nas realidades temporais não esgota sua missão nem pode levá-los a esquecer ou transcurar "outra dimensão: os leigos podem também sentir-se chamados ou vir a ser chamados para colaborar com os próprios Pastores ao serviço da comunidade eclesial, para o crescimento e a vida da mesma, pelo exercício dos ministérios muito diversificados, segundo a graça e os carismas que o Senhor houver por bem depositar neles".[3]

O Papa, fazendo eco aos relatos entusiastas de bispos de todos os continentes durante o Sínodo, exprime sua alegria pela diversidade de ministérios envolvidos criativamente na missão evangelizadora: "Não é sem experimentar intimamente uma grande alegria que nós vemos uma legião de Pastores, religiosos e leigos, apaixonados pela sua missão evangelizadora, a procurarem moldes mais adaptados para anunciar eficazmente o Evangelho; e encorajamos a abertura que, nesta linha e com esta preocupação, a Igreja demonstra ter alcançado nos dias de hoje. Abertura para a reflexão, em primeiro lugar; e depois, abertura para ministérios eclesiais susceptíveis de rejuvenescer e de reforçar o seu próprio dinamismo evangelizador".[4]

Reconhece – como o camponês que, na hora da ceifa, distingue do joio a boa semente, tempo atrás, na esperança lançada – o lugar dos ministérios não ordenados e a especificidade de seu serviço: "É certo que, ao lado dos ministérios ordenados, graças aos quais alguns fiéis são colocados na ordem dos Pastores e passam a consagrar-se de uma maneira particular ao serviço da comunidade, a Igreja reconhece também o lugar de ministérios não ordenados, e que são aptos para assegurar um especial serviço da mesma Igreja".[5]

Pastor sábio e mestre iluminado, o arquiteto do Concílio convida a Igreja a lançar um olhar para as suas origens e outro para a realida-

---

[2] Cf. *Lumen gentium* 31.
[3] *Evangelii nuntiandi* 73 a.
[4] Ibid. 73 b.
[5] Ibid. 73 c.

de atual: "Um relance sobre as origens da Igreja é muito elucidativo e fará com que se beneficie de uma antiga experiência nesta matéria dos ministérios, experiência que se apresenta válida, dado que ela permitiu à Igreja consolidar-se, crescer e expandir-se. O atender assim às fontes deve ser completado ainda pela atenção às necessidades atuais da humanidade e da mesma Igreja. O ir beber nestas fontes sempre inspiradoras e o nada sacrificar destes valores, mas saber adaptar-se às exigências e às necessidades atuais, constituem a base sobre a qual há que se assentar a busca sapiente e o colocar na devida luz os ministérios de que a Igreja precisa e que bom número dos seus membros hão de ter a peito abraçar para uma maior vitalidade da comunidade eclesial".[6]

Pede respeito absoluto à unidade e à orientação dos pastores, vistos justamente como ministros da unidade: "Tais ministérios virão a ter um verdadeiro valor pastoral na medida em que se estabelecerem com um respeito absoluto da unidade e aproveitando-se da orientação dos Pastores, que são precisamente os responsáveis e os artífices da mesma unidade da Igreja".[7]

São, sem dúvida, novos ministérios, mas nem sempre ministérios novos: "Tais ministérios, novos na aparência, mas muito ligados a experiências vividas pela Igreja ao longo da sua existência, por exemplo, os de catequistas, de animadores da oração e do canto, de cristãos devotados ao serviço da Palavra de Deus ou à assistência aos irmãos em necessidade, ou ainda os de chefes de pequenas comunidades, de responsáveis por movimentos apostólicos, ou outros responsáveis, são preciosos para a implantação, para a vida e para o crescimento da Igreja e para a sua capacidade de irradiar a própria mensagem à sua volta e para aqueles que estão distantes". O que realmente importa é sua utilidade (*pròs tò symphéron, ad utilitatem*, diz 1Cor 12,7) para a implantação, a vida e o crescimento da Igreja, de um lado, e sua capacidade de irradiação do Evangelho na comunidade, entre os afastados e em situações de missão.[8]

---

[6] Ibid. 73 d.
[7] Ibid. 73 e.
[8] Ibid. 73 f.

Ao final, o Papa insiste na necessidade de uma formação séria para todos os evangelizadores, mas particularmente para os que se dedicam ao ministério da Palavra: "Para todos os obreiros da evangelização é necessária uma preparação séria; e é necessária de modo muito particular para aqueles que se dedicam ao ministério da Palavra. Animados pela convicção, incessantemente aprofundada, da nobreza e da riqueza da Palavra de Deus, aqueles que têm a missão de transmiti-la devem dedicar a maior atenção à dignidade, à precisão e à adaptação da sua linguagem. Todos sabem que a arte de falar se reveste hoje em dia de uma grandíssima importância. E como poderiam então os pregadores e os catequistas descurá-la? Nós auspiciamos vivamente que, em todas as Igrejas particulares, os bispos velem pela formação adequada de todos os ministros da Palavra. Essa preparação séria fará aumentar neles a indispensável segurança, como também o entusiasmo para anunciar nos dias de hoje Jesus Cristo".[9]

---

[9] Ibid. 73 g.

Capítulo VII

Puebla:
ação de graças,
discernimento e impulso

Puebla (1979), apesar do caráter polêmico, inadequado e, em certo sentido, reacionário de parte da sua eclesiologia explícita,[1] contém uma eclesiologia implícita adequada ao tema da Conferência e mobilizadora dispersa ao longo de todo o documento: "Isto depende do fato de que a Conferência de Puebla teve como tema central a evangelização. Sendo esta, de fato, como frequentemente repete o Documento, missão, vocação e responsabilidade da Igreja, é lógico que a dimensão eclesiológica esteja presente por toda parte".[2]

A III Conferência sublinha a existência e a originalidade própria da Igreja particular e, no seu interior, das comunidades eclesiais menores, sobretudo as comunidades eclesiais de base, que os bispos se comprometem a promover, orientar e acompanhar segundo o espírito de Medellín e os critérios de *Evangelii nuntiandi* 58; acentua a relação de comunhão entre os diversos membros da Igreja; valoriza decididamente os leigos e as mulheres, e situa os ministérios eclesiais no horizonte da missão.

O povo de Deus, sendo sacramento universal de salvação, "está inteiramente a serviço da comunhão dos homens com Deus e do gênero humano entre si (cf. LG 1). A Igreja é, portanto, um povo todo ministerial. Seu modo próprio de servir é evangelizar; é um serviço que só ela pode prestar. Determina sua identidade e a originalidade de sua

---

[1] *Puebla* 220-281.
[2] L. A. GALLO, *Evangelizzare i poveri. La proposta del Documento di Puebla*, LAS, Roma, 1983, p. 68.

contribuição".[3] A evangelização, com efeito, é o grande "ministério ou serviço que a Igreja presta ao mundo".[4]

Para Puebla, a Igreja é "uma totalidade ministerial internamente diversificada a serviço do Evangelho. O único grande ministério eclesial – a evangelização – desdobra-se numa variedade de serviços e ministérios eclesiais ordenados ao mesmo fim: a evangelização do reino. Reclamando o testemunho da Escritura, Puebla diz: 'Desde o princípio, houve, na Igreja, diversidade de ministérios, cuja finalidade é a evangelização. Os escritos do Novo Testamento revelam a vitalidade da Igreja, que se manifestou em múltiplos serviços. Assim, São Paulo menciona, entre outros, os seguintes: a profecia, a diaconia, o ensino, a exortação, o dar esmolas, o presidir, o exercício da misericórdia (cf. Rm 12,6-8); e, em outros contextos, fala de outros ministérios como as palavras de sabedoria, de discernimento de espírito e alguns outros (cf. 1Cor 12,8-11; Ef 4,11-12; 1Ts 5,12s.; Fl 1,1). Em outros escritos do novo Testamento, descrevem-se igualmente vários ministérios' (cf. DP 680)".[5]

Em sua Alocução Introdutória aos Trabalhos da III Conferência Geral do Episcopado Latino-Americano, Dom Aloísio Lorscheider, Presidente do Celam, mencionava os "novos ministérios" entre os "sinais de vitalidade" da Igreja latino-americana no final da década de 1980.[6] Ao falarem dos "centros de comunhão e participação", os bispos, por sua vez, constatam que, "numa linha de maior participação, surgem ministérios ordenados, como o diaconato permanente, não ordenados e outros serviços, como os de proclamadores da Palavra, animadores de comunidades. Nota-se também uma melhoria na colaboração entre sacerdotes, religiosos e leigos".[7] Aliás, o Papa João Paulo II, no discur-

---

[3] *Puebla* 270.
[4] Ibid. 679.
[5] A. J. DE ALMEIDA, *Teologia dos ministérios na Igreja da América Latina*, cit., p. 112.
[6] Cf. *A Evangelização no presente e no futuro da América Latina. Conclusões da III Conferência Geral do Episcopado Latino-Americano. Texto Oficial. Puebla de los Angeles*, México, 27-1 a 13-2 de 1979, Edições Paulinas, Documento de Puebla, p. 42.
[7] *Puebla* 625.

so de abertura, citando *Evangelii nuntiandi*, havia dito: "É o Espírito Santo que está suscitando hoje na Igreja 'uma diversidade de ministérios, também exercidos por leigos, capazes de rejuvenescer e reforçar o dinamismo evangelizador da Igreja' (cf. EN 73)".[8]

E a esta ação do Espírito deve corresponder, por parte dos chamados, um discernimento igualmente espiritual: "Optar por uma vocação ministerial e evangelizadora na Igreja não é coisa que dependa exclusivamente da iniciativa pessoal. Primordialmente, é chamamento gratuito de Deus, vocação divina, que se deve perceber graças a um discernimento, escutando o Espírito Santo e colocando-se diante do Pai, por Cristo, e diante da comunidade concreta e histórica à qual se há de servir. Outrossim, é fruto e expressão da vitalidade e madureza de toda a comunidade eclesial".[9]

Retomando o Concílio e a *Evangelii nuntiandi*, o documento de Puebla afirma: "A Igreja, para o cumprimento de sua missão, conta com diversidade de ministérios (cf. AA 2a). Ao lado dos ministérios hierárquicos, a Igreja reconhece um lugar aos ministérios não ordenados. Portanto, também os leigos podem sentir-se chamados ou ser chamados a colaborar com seus pastores no serviço à comunidade eclesial, para o crescimento e a vida da mesma, exercendo ministérios diversos, conforme a graça e os carismas que ao Senhor aprouver conceder-lhes (cf. EN 73)".[10]

Puebla elabora uma definição dos ministérios que podem ser conferidos a leigos. São "serviços realmente importantes na vida eclesial (p. ex., no plano da Palavra, da liturgia ou da direção da comunidade), exercidos por leigos com estabilidade e que foram reconhecidos publicamente e a eles confiados por quem tem a responsabilidade na Igreja".[11] Em outras palavras: a relevância do serviço, a estabilidade na função, o reconhecimento público e a conferição por quem de direito. Percebe-se,

---

[8] JOÃO PAULO II, *Discurso de Abertura*, I, 7. Este texto foi retomado pelos Bispos no Documento final, no contexto em que tratam da Pastoral Vocacional, no tópico "diversidade na unidade" (cf. *Puebla* 858).
[9] *Puebla* 860.
[10] Ibid. 804.
[11] Ibid. 805.

aí, a influência do documento *Tous responsables dans l'Église? Le ministère presbytéral dans l'Église tout entière ministérielle*, da Conferência Episcopal Francesa, discutido e aprovado em Lourdes, em 1973, que teve como base um texto de Boucheux,[12] outro, de um grupo de teólogos, entre os quais Congar,[13] e um terceiro, só de Congar.[14]

Não satisfeitos com essa descrição, mais teológica, os bispos reunidos em Puebla enumeram as características, mais pastorais, dos ministérios que podem ser recebidos pelos leigos: "Não clericalizam aqueles que os recebem: estes continuam sendo leigos com uma missão fundamental de presença no mundo; requer-se uma vocação ou aptidão ratificada pelos pastores; orientam-se para a vida e crescimento da comunidade eclesial, sem perder de vista o serviço que esta deve prestar no mundo; são variados e diversos, de acordo com os carismas dos chamados e as necessidades da comunidade; esta diversidade, porém, deve coordenar-se de acordo com sua relação com o ministério hierárquico".[15]

Além disso, em relação, agora, ao exercício desses ministérios, Puebla alerta para os perigos que devem ser evitados: "(a) a tendência à clericalização dos leigos ou a de reduzir o compromisso leigo àqueles que recebem ministérios, deixando de lado a missão fundamental do leigo, que é a sua inserção nas realidades temporais e em suas responsabilidades familiares; (b) não se devem promover tais ministérios como estímulo puramente individual, fora dum contexto comunitário;

---

[12] R. BOUCHEUX, Le ministère des prêtres dans l'Église tout entière "ministérielle", em: ASSEMBLÉE PLÉNIÈRE DE L'ÉPISCOPAT FRANÇAIS, *Tous responsables dans l'Église? Le ministère presbytéral dans l'Église tout entière ministérielle*, Éditions du Centurion, Paris, 1973, pp. 7-25.

[13] F. BUSSINI; Y. CONGAR; P. EYT; H. LEGRAND; P. LIÉGÉ, Notes théologiques sur le ministère presbytéral, em: ibid., pp. 37-55. Estes cinco teólogos redigiram o texto aqui mencionado tendo por base notas redigidas, na Faculdade de Teologia de Paris, por E. Cothenet, F. Coudreau, J.-C. Eslin, P. Grelot, H. Holstein, P. Liégé (co-ordenador) e M. Vidal, levando também em conta as reações escritas de Henri de Lubac e J. Delorme (cf. ibid., p. 37).

[14] Intervention du père Yves-M. Congar, em: ibid., pp. 56-72.

[15] *Puebla* 811-814.

(c) o exercício de ministérios por parte de alguns leigos não pode diminuir a participação ativa dos demais".[16]

A mulher – que assume a maior parte dos ministérios nas comunidades – foi especialmente lembrada. Puebla exalta sua dignidade, mostra sua especial presença na história da salvação, reclama uma sua participação maior na vida e missão da Igreja, inclusive através da conferição de ministérios não ordenados; a mulher, com suas aptidões características, deve contribuir eficazmente para a missão da Igreja, participando em organismos de planejamento e coordenação pastoral, catequese etc.[17]

---

[16] Cf. ibid. 815-817.
[17] Cf. ibid. 841-844.845; cf. MR 49-50.

Capítulo VIII

Código de Direito Canônico: o paradoxo da lei

No âmbito dos textos oficiais sobre ministérios não ordenados, a década de 1980 é marcada pela publicação do Código de Direito Canônico, em 1983. De um lado, fixa as aquisições da reflexão e, do outro, parece fechar o período de evolução deslanchado pelo Vaticano II.[1]

Ministérios instituídos, temporários e supletivos

O texto principal é o cânon 230, que, em seus três parágrafos, trata de três categorias de ministérios: ministros instituídos de maneira estável (agentes estáveis); leigos afetados a um ministério a título temporário (agentes temporários) e leigos em cargo de suplência (agentes suplentes).

A primeira categoria é constituída pelos "ministérios instituídos" de leitor e acólito criados por Paulo VI, através de *Ministeria quaedam*, no contexto da reforma das "ordens menores". Esses dois ministérios são atribuídos de maneira estável a leigos que permanecem leigos – esta, convém lembrar, é uma das novidades do *motu proprio*; ou a candidatos às ordenações – segundo a praxe em vigor na Igreja há séculos. Esta segunda situação – que, na realidade, é quase a única na prática atual da Igreja no sentido estrito de "instituição litúrgica", pois leitores e

---

[1] Uma reflexão panorâmica sobre a participação ministerial dos leigos no Código de Direito Canônico encontra-se em M. MULLANNEY, Laity and Ministry in the Church as Communion: Canonical Perspectives (mimeo). Apresentada no Simpósio Internacional sobre Eclesiologia de Comunhão, celebrado em Maynooth (Irlanda), nos dias 4 a 8 de junho de 2012, em breve será publicada na revista da Pontifical University, St Patrick's College, Maynooth, Co. Kildare, Ireland.

acólitos "permanentes" são muito raros – é que explicaria sua restrição a *viri laici*. A razão seria a seguinte: sendo que as mulheres não podem aceder aos ministérios ordenados, elas não poderiam ser instituídas como leitores e acólitos.

Esta situação, como é sabido, tem sido alvo de críticas e de solicitações de revisão desde que *Ministeria quaedam* veio à luz. Temos aí, ao menos, dois problemas e duas críticas. O primeiro é que a restrição à instituição de mulheres como leitoras e acólitas cria, no seio do laicato (a "instituição" litúrgica não transforma ninguém em clérigo!), uma desigualdade jurídica inaceitável. O segundo é que o Código não honra o princípio litúrgico da *Sacrosanctum Concilium* segundo o qual as ações litúrgicas – que pertencem a todo o Corpo da Igreja e o manifestam – atingem "cada um dos membros de modo diverso, segundo a variedade de estados, funções e participação atual".[2] A *deputatio temporanea* não respeita a verdade segundo a qual os leigos, tendo as aptidões exigidas (cf. CIC, cân. 228 § 1), podem pôr, na liturgia, os atos que são próprios dos ministros ordenados (cf. o próprio CIC, cân. 837 § 1). A partir de que se pode dizer que um grupo de leigos – as mulheres – não teriam as aptidões requeridas para pôr, na liturgia, os atos que não são próprios dos ministros ordenados? Desde quando o sexo (ou o gênero) estaria entre as aptidões requeridas? É preciso lembrar, neste sentido, que o Vaticano II, depois de prescrever que cada um, ministro ou "simples" fiel, no cumprimento de sua função, fará totalmente aquilo que lhe cabe (cf. SC 28), diz: "Também os que servem ao altar, os leitores, comentadores e elementos do grupo coral desempenham também um autêntico ministério litúrgico. Exerçam, pois, o seu múnus com piedade autêntica e do modo que convém a tão grande ministério e que o Povo de Deus tem o direito de exigir" (SC 29). Portanto, o cânon 230 § 1 deveria ser revisto, recebendo uma redação que dissesse essencialmente o seguinte: leigos e leigas podem ser "instituídos" leitores ou leitoras, acólitos ou acólitas, exceto quando, dada a reserva, na disciplina atual da Igreja latina, das ordenações, a leigos do sexo masculino (*viri laici*), esses ministérios forem conferidos a candidatos aos ministérios ordenados (diáconos, presbíteros, bispos).

---

[2] *Sacrosanctum Concilium* 26.

O § 2 do cânon 230 trata dos ministérios "temporários".[3] Os leitores e outros ministros contemplados aí seriam "agentes temporários" no sentido que o termo tem no direito civil: pessoas recrutadas pela administração para períodos em princípio limitados, para cumprir tarefas ocasionais, sem garantia de estabilidade no emprego e, muito menos, de uma carreira. Enquanto o rito litúrgico da "instituição" cria uma situação juridicamente definitiva (o ministro "instituído" torna-se titular de maneira estável do ministério recebido), a *deputatio temporanea* não implica permanência na função, estabilidade, definitividade.

Finalmente, o cânon 230 § 3 estabelece os ministérios chamados de "suplência" ou "supletivos": "Onde as necessidades da Igreja o aconselharem, por falta de ministros, os leigos, mesmo que não sejam leitores ou acólitos, podem suprir alguns ofícios, como os de exercer o ministério da palavra, presidir às orações litúrgicas, conferir o batismo e distribuir a Sagrada Comunhão, segundo as prescrições do direito". Para o batismo e a distribuição da comunhão, tratados também nos cânones 861 § 2 e 910 § 2, a suplência tem o sentido técnico supramencionado.

Juridicamente, suplência é uma "substituição temporária de um agente impedido ou ausente por outro no exercício de suas funções que se opera de pleno direito em virtude de disposições estatutárias que o preveem".[4] No Código, recorre várias vezes o verbo *supplere*: cânon 144 (*Ecclesia supplet*), 155, 230 § 3, 405 § 2, 477 § 2, 539, 649 § 1, 1057 § 1 e 1452 § 2; nos cânones 155, 405 § 2, 477 § 2, e 539, tem o mesmo sentido da definição jurídica acima mencionada; já nos cânones 649 § 1 e 1452 § 2, tem o sentido de "remediar" (a uma insuficiência), compensando; no

---

[3] A expressão *ex temporanea deputatione* é um *hapax legomenon* no Código de 1983, que, normalmente, usa o adjetivo *temporarius* ("limitado no tempo"), distinguindo-o de *perpetuus* ("de duração indefinida, constante, sem interrupção"). *Temporaneus*, que não aparece nos documentos do Vaticano II, se oporia a "definitivo", "permanente" ou "durável"; teria, então, o sentido de "provisório" ou mesmo de "momentâneo". Na verdade, segundo Borras, mais do que uma questão de tempo (duração), ele indicaria um estatuto. Por isso, no caso, *deputatio* não deveria ser traduzido por "deputação" – que designa um envio de uma pessoa encarregada de uma missão – mas por "designação" ou "afetação" (cf. A. BORRAS; G. ROUTHIER, *Les nouveaux ministères*, cit., pp. 117-118, nota 9).

[4] G. CORNU (ed.), *Vocabulaire juridique*, PUF, Paris, 1994[4], p. 790.

cânon 1057 § 1, significa "remediar" (à falta) substituindo-se (a alguma coisa). A temporariedade – criada pelo impedimento ou ausência do agente titular – é característica essencial ao conceito de suplência.

O cânon 230 § 3, na verdade, contempla duas situações canonicamente distintas. Na primeira – batismo e distribuição da comunhão (cf. também cân. 861 § 2 e 910 § 2) –, trata-se de suplência em sentido técnico. Na segunda – ministério da Palavra –, há que se ter em conta o que diz o cânon 759: "Os fiéis leigos, em virtude do batismo e da confirmação, são testemunhas da mensagem evangélica pela palavra e pelo exemplo da vida cristã; podem também ser chamados a cooperar com o bispo e os presbíteros no exercício do ministério da palavra". É, especialmente, o caso das Celebrações da Palavra animadas por leigos e leigas ou das assembleias dominicais não eucarísticas, em que leigos presidem as orações litúrgicas.[5]

Ministérios de leigos no âmbito do governo paroquial

"Se, em virtude da falta de sacerdotes, o bispo diocesano julgar que a participação no exercício da cura pastoral da paróquia deva ser confiada a um diácono ou a outra pessoa que não possua o caráter sacerdotal, ou a uma comunidade de pessoas, constitua um sacerdote que, dotado dos poderes e das faculdades de pároco, oriente o serviço pastoral". É o famoso cânon 517 § 2, que, diante da penúria de sacerdotes, prevê a participação de leigos no exercício do serviço pastoral da paróquia. Este cânon não usa o termo "leigo", mas, evidentemente, é nele que pensa quando se refere a "outra pessoa não revestida do caráter sacerdotal". Neste caso, um sacerdote será estabelecido para dirigir o serviço pastoral, de cujo exercício leigos podem participar.

Já o cânon 519 trata de outro tipo de participação de leigos na direção da paróquia: "O pároco é o pastor próprio da paróquia que lhe

---

[5] Na França, estas celebrações se chamam *Assemblées Dominicales en l'Absence* [na ausência] *de Prêtre* (ADAP) ou *Assemblées Dominicales en Attente* [na espera] *de Prêtre* (ADAP). Para a "liturgia da Palavra", ver cânon 1248 § 2; para a celebração de determinados sacramentais, ver cânon 1168.

foi confiada, e presta a cura pastoral à comunidade que lhe foi entregue, sob a autoridade do Bispo diocesano, do qual foi chamado a partilhar o ministério de Cristo, para que, em favor da mesma comunidade, desempenhe o múnus de ensinar, santificar e governar, com a cooperação ainda de outros presbíteros ou diáconos e com a ajuda de fiéis leigos, nos termos do direito". Aqui, a questão não é a participação no exercício do serviço pastoral da paróquia diante da penúria de sacerdotes, mas a "colaboração" [*cooperari*] de outros sacerdotes ou diáconos com o pároco e da "ajuda" [*operam confere*] de leigos. O cânon, porém – ainda que diga "nos termos do direito" –, não precisa em que consistiria esta ajuda de leigos e esta cooperação de outros clérigos. O legislador, entretanto, cita, entre as fontes autênticas do cânon 519, o decreto *Christus Dominus*, que diz: "No desempenho desta cura de almas, os párocos, com os seus coadjutores, exerçam de tal maneira o seu ministério de ensinar, santificar e governar, que os fiéis e as comunidades paroquiais se sintam de fato membros tanto da diocese como do todo que forma a Igreja universal. Colaborem, portanto, com outros párocos e com outros sacerdotes que ou exercem o múnus pastoral no território (como são, por exemplo, os vigários forâneos, os arciprestes) ou estão dedicados a obras de caráter supraparoquial, para que na diocese não falte unidade ao ministério pastoral e este se torne até mais eficaz".[6] Na sequência, depois de mencionar o espírito missionário, determina: "Mas, se os párocos não puderem atingir por si mesmos alguns grupos, recorram a outras pessoas, mesmo a *leigos*, que os auxiliem no apostolado".[7] Um pouco abaixo, volta a se referir à cooperação dos leigos: "No desempenho do múnus de ensinar, os párocos devem: pregar a palavra de Deus a todos os fiéis, para que estes, fundados na fé, na esperança e na caridade, cresçam em Cristo, e a comunidade cristã dê aquele testemunho de caridade que o Senhor recomendou; e, do mesmo modo, comunicar aos fiéis, pela instrução catequética, o conhecimento pleno do mistério da salvação, adaptado à idade de cada um. Para darem esta instrução, procurem não só o auxílio de religiosos, mas igualmente a cooperação

---

[6] *Christus Dominus* 30, caput.
[7] Ibid. 30, 1b.

de *leigos*".⁸ Borras comenta: "É, portanto, implicitamente, que o Código reconhece que o pároco não tem necessariamente todos os carismas indispensáveis ao cumprimento de todas as suas tarefas. Seu ministério não é essencialmente um ministério de presidência? Embora ele seja titular do pleno serviço pastoral da paróquia (lat. *plena cura animarum* cân. 519 e 521 § 1, cf. cân. 150), o pároco não o exerce sozinho: ele *deve* ter colaboradores. O pároco não está isolado da comunidade da qual é responsável: tomando conselho com ele, os fiéis aportam sua colaboração para favorecer a ação pastoral (cân. 536)".⁹

Leigos titulares de ofícios eclesiásticos

O Concílio, definindo o ofício eclesiástico como "qualquer cargo conferido de modo estável para ser exercido em vista de um fim espiritual",[10] rompeu uma barreira canônica secular: não só clérigos, mas também leigos podem assumir um ofício eclesiástico. A definição de "ofício eclesiástico" no Código está calcada sobre *Presbyterorum ordinis* 20b: "Ofício eclesiástico é qualquer cargo estavelmente constituído por ordenação divina ou eclesiástica que deve ser exercido para um fim espiritual".[11]

O canonista belga Alphonse Borras explica: "O ofício ou função é uma espécie de múnus, um cargo que tem a particularidade de ser constituído de modo estável por disposição divina ou eclesial para ser exercido em vista de um fim espiritual, a saber, a edificação da comunidade eclesial e a realização da missão evangélica. A estabilidade é determinada pelo fato de que o ofício não é apenas um 'posto'; ele compreende também um conjunto de direitos e deveres correspondentes. A extrema maioria dos ofícios são de direito eclesial, com exceção do episcopado".[12]

---

[8] Ibid. 30, 2a; os itálicos são nossos.
[9] A. BORRAS; G. ROUTHIER, *Les nouveaux ministères*, cit., p. 121.
[10] *Presbyterorum ordinis* 20 b; cf. também LG 33 c e AA 24 f.
[11] Cân. 145 § 1.
[12] A. BORRAS; G. ROUTHIER, *Les nouveaux ministères*, cit., p. 111.

A maioria dos ministérios que leigos e leigas vêm assumido, em nossas comunidades, desde o Concílio, são canonicamente *munera* no sentido genérico do termo. Tal qualificação – que não é arbitrária, mas corresponde à realidade dos fatos – não inclui nenhuma estabilidade objetiva, quer dizer, "uma previsão formal das obrigações e direitos inerentes, nem uma nomeação episcopal de titular do cargo: é o caso, por exemplo, dos catequistas paroquiais, dos visitadores de doentes, dos membros de uma equipe litúrgica".[13] Não significa que esses cargos não tenham consistência e não sejam importantes; muito pelo contrário. Ao dizer que não são "ofícios eclesiásticos", só se está dizendo que eles não são formalizados canonicamente, e, por isso, não se beneficiam do mesmo reconhecimento e proteção.[14]

O tratamento dos ofícios eclesiásticos no Código vai do cânon 145 ao 196, e a lista de ofícios eclesiásticos que podem ser confiados a leigos não ocupa menos espaço.[15]

Verificação dos requisitos e chamado ao ministério

Ainda não está dito tudo, sob o aspecto canônico. Para que um leigo possa exercer um cargo (lat. *munus*, em sentido genérico) ou uma função eclesial (*officium*, no sentido específico do cânon 145), o Código coloca uma dupla condição: a idoneidade e a admissão pela autoridade pastoral. Ouçamos o cânon 228 § 1: "Os leigos, que forem julgados idôneos, têm capacidade para que os sagrados Pastores lhes confiem os ofícios eclesiásticos [*oficia ecclesiastica*] e outros cargos [*munera*] que podem desempenhar segundo as prescrições do direito". A idoneidade consiste na posse das qualidades requeridas pelo direito (cf. cân. 149

---

[13] Ibid., p. 113.

[14] Cf. A. BORRAS, Petite grammaire canonique des nouveaux ministères, em: *Nouvelle Revue Theologique*, 117 (1995) 240-261.

[15] Cf. G. THILS, Les laïcs dans le nouveau Code de Droit Canonique et au Concile du Vatican, em: *Les cahiers de la Revue Théologique de Louvain*, Louvain, 1983; A. BORRAS; G. ROUTHIER, *Les nouveaux ministères*, cit., pp. 115-116.

§ 1); a admissão pela autoridade pastoral, às vezes também chamada de apelo, chamado ou vocação da/pela Igreja, toma várias formas.

Ninguém "se faz" ministro ou responsável de um ofício, mas "é feito" tal pela autoridade eclesiástica competente (cf. cân. 157; cf. cân. 158-183). Isto vale tanto para os clérigos (cf. cân. 1008 § 1) quanto para os leigos (cân. 228 § 1).

É bom lembrar que não é o batismo como tal que habilita alguém a receber um cargo ou uma função eclesial. O batismo é, evidentemente, o fundamento da participação de todos à missão da Igreja, mas, do ponto de vista canônico, não é suficiente para fazer dos batizados ministros: a verificação das qualidades requeridas e a decisão da autoridade pastoral são necessárias para que alguns batizados possam receber um ministério. A participação à missão da Igreja é comum a todos; a participação a esta mesma missão como ministro é própria de alguns; a idoneidade e o chamado são necessários para que alguns dentre os fiéis se tornem ministros ou pela ordenação (ministros ordenados) ou por outra modalidade de conferição (ministros não ordenados).

Capítulo IX

Christifideles laici: há uma pedra no meio do caminho

É no âmbito da Igreja-Comunhão que a exortação apostólica pós-sinodal *Christifideles laici* (1988) desenvolve o tema da participação dos fiéis leigos na vida da Igreja.

A Igreja é apresentada como "mistério de comunhão", uma "misteriosa comunhão que vincula em unidade o Senhor e os discípulos, Cristo e os batizados".[1] Com efeito, "os que nasceram da água e do Espírito" são "chamados a reviver a mesma comunhão de Deus".[2] Essa comunhão "tem por modelo, fonte e meta a mesma comunhão do Filho com o Pai no dom do Espírito Santo: unidos ao Filho no vínculo amoroso do Espírito, os cristãos estão unidos ao Pai".[3] Desta comunhão com Cristo "brota a comunhão dos cristãos entre si";[4] a comunhão fraterna é, pois, "o maravilhoso reflexo e a misteriosa participação na vida íntima de amor do Pai, do Filho e do Espírito [...]. Esta comunhão é o próprio mistério da Igreja, como nos recorda o Concílio Vaticano II na célebre frase de São Cipriano: A Igreja universal aparece como 'um povo unido pela unidade do Pai, do Filho e do Espírito Santo'".[5]

A comunhão eclesial, ademais, é uma comunhão "orgânica", análoga à de um corpo vivo e operante, uma vez que se caracteriza "pela presença simultânea da diversidade e da complementaridade das vocações e condições de vida, dos ministérios, carismas e responsabilidades".[6]

---

[1] *Christifideles laici* 18; cf. 8 f.
[2] Ibid. 8 e.
[3] Ibid. 18 c.
[4] Ibid. 18 d.
[5] Ibid.; cf. LG 4 in fine.
[6] Ibid. 20 a.

Princípio dinâmico desta variedade e unicidade [sic] da Igreja e na Igreja é o único e idêntico Espírito.[7] Por isso, a comunhão eclesial é um dom do Espírito a ser acolhido pelos fiéis cristãos [*christifideles*] com gratidão e responsabilidade, o que se realiza concretamente pela participação de cada um na vida e missão da Igreja, a cujo serviço os fiéis leigos [*christifideles laici*] colocam "os seus variados e complementares ministérios e carismas [*in propriis ministeriis et charismatibus*]".[8]

Ministérios e carismas são apresentados em sua dimensão pneumatológica: "Dons do Espírito Santo em ordem à edificação do Corpo de Cristo e à sua missão de salvação no mundo".[9] Com efeito, é o Espírito Santo que, como ensina *Lumen gentium* 4, "distribui diversos dons hierárquicos e carismáticos a todos os batizados, chamando-os a ser, cada qual a seu modo, ativos e corresponsáveis".[10] E em sua dimensão cristológica: Provenientes do Espírito, os ministérios são, embora em diferentes modalidades, "uma participação no mesmo ministério de Jesus Cristo", pastor (cf. Jo 10,11) e servo (cf. Mc 10,45).[11]

Os ministérios, bem como os dons e as funções eclesiais, conforme resulta do Novo Testamento, especialmente de 1Cor 12, Rm 12 e Ef 4, "são variados".[12] Temos, "em primeiro lugar", os ministérios ordenados[13] e, "quando a necessidade ou a utilidade da Igreja o pedir, os pastores podem, segundo as normas estabelecidas pelo direito universal, confiar aos leigos certos ofícios e certas funções que, embora ligadas ao seu próprio ministério de pastores, não exigem, contudo, o caráter da Ordem [...]. Todavia, o exercício de semelhante tarefa não transforma o fiel leigo em pastor: na realidade, o que constitui o ministério não é a tarefa, mas a ordenação sacramental [...]. A tarefa que se exerce como suplente recebe a sua legitimidade, formal e imediatamente, da

---

[7] Cf. LG 4 e 7.
[8] *Christifideles laici* 20 d.
[9] Ibid. 21 a.
[10] Ibid.
[11] Ibid. c.
[12] Ibid. 21 b.
[13] Ibid. 22.

delegação oficial que lhe dão os pastores e, no seu exercício concreto, submete-se à direção da autoridade eclesiástica".[14]

A esta reflexão teológica, *Christifideles laici* acrescenta algumas considerações de caráter mais sociológico, pastoral e canônico: interpreta a participação ativa na liturgia como tendo sido o "primeiro passo" para o mais vasto fenômeno do posterior envolvimento dos leigos no anúncio da Palavra e na cura pastoral;[15] manifesta vivo apreço pelo "notável contributo apostólico dos fiéis leigos, homens e mulheres, pelos seus carismas e por toda a sua ação em favor da evangelização, da santificação e da animação cristã das realidades temporais", bem como seu "serviço ordinário nas comunidades eclesiais e a sua generosa disponibilidade para a suplência em situações de emergência e de necessidades crônicas",[16] e relata algumas críticas levantadas pela Assembleia sinodal: "O uso indiscriminado do termo 'ministério', a confusão e o nivelamento entre sacerdócio comum e sacerdócio ministerial, a pouca observância de leis e normas eclesiásticas, a interpretação arbitrária do conceito de 'suplência', certa tolerância por parte da própria autoridade legítima, a 'clericalização' dos fiéis leigos e o risco de se criar, de fato (*de facto*), uma estrutura eclesial de serviço, paralela à fundada no sacramento da ordem".[17]

Diante dessas críticas, os Padres sinodais insistiram na necessidade de exprimir com clareza – "até na própria terminologia" – quer a unidade da missão da Igreja quer a diversidade substancial do ministério dos pastores em relação a outros ofícios e funções eclesiais.[18] Em decorrência deste princípio, algumas medidas devem ser tomadas: (1) instruir os leigos sobre a raiz batismal de seus ministérios, ofícios e funções; (2) evitar "um recurso fácil e abusivo a presumíveis "situações de emergência" ou de "necessária suplência" onde objetivamente não existam ou onde seja possível remediar com uma programação pastoral mais

---

[14] Ibid. 23 c.
[15] Ibid. 23 e.
[16] Ibid. 23 d.
[17] Ibid. 23 g.
[18] Ibid. 23 g.

racional";[19] (3) manter a "conformidade" dos ofícios e funções que os leigos podem legitimamente desempenhar na liturgia, na transmissão da fé e nas estruturas pastorais da Igreja com "a sua específica vocação laical, diferente da dos ministros sagrados";[20] (4) constituir uma comissão para rever o *motu proprio Ministeria quaedam* e, mais amplamente, para estudar de modo aprofundado os diversos problemas teológicos, litúrgicos, jurídicos e pastorais levantados pelo atual grande florescimento de ministérios confiados aos fiéis leigos".[21]

A um olhar atento, a *Christifideles laici*, na verdade, marca uma virada questionadora e, segundo alguns, questionável, na posição do magistério universal em relação aos ministérios não ordenados. Vejamos.

Diferentemente da expressão "carismas e ministérios",[22] predominante, na teologia, na pastoral e mesmo em textos do magistério, na década de 1980 – subentendendo-se que os ministérios (tanto ordenados quanto não ordenados) são carismas[23] –, a exortação pós-sinodal *Christifideles laici* opta pela ordem inversa ("os ministérios e os carismas") – que, só no número 21, aparece três vezes – tratando, consequentemente, primeiro, os ministérios (nn. 21-24) e, só depois, os carismas (n. 25), cuja abordagem é introduzida nos seguintes termos: "O Espírito Santo, ao confiar à Igreja-Comunhão os diversos ministérios, enriquece-a com *outros* (!) dons e impulsos especiais, chamados *carismas*".[24] Com esta impostação, *Christifideles laici*, ainda que formalmente não abandone a visão segundo a qual a Igreja é uma comunhão dotada de

---

[19] Ibid. 23 g.

[20] Ibid. 23 h.

[21] Ibid. 23 i-j-k.

[22] Cf. Y. CONGAR, *Ministeri e comunione ecclesiale*, EDB, Bologna, 1973; B. FORTE, *Igreja, ícone da Trindade*, Loyola, São Paulo, 1984; id., L'ecclesiologia del Vaticano II e il BEM, em: *Storia Ecclesiastica*, 3 (1985), pp. 25-41; H.-M. LEGRAND, Ministerios en la Iglesia local, em: B. LAURET; F. REFOULÉ (eds.), *Iniciación a la práctica de la teología, Dogmática 2*, Cristiandad, Madrid, 1985, pp. 138-319; L. SARTORI, Carismi e ministeri, em: *Dizionario Teologico Interdisciplinare*, Casale Monferrato, 1977, vol. I, pp. 504-516 etc.

[23] Cf. ibid.

[24] *Christifideles laici* 24.

carismas e ministérios vários, não mantém coerentemente esta visão. Concretamente, desaparece a concepção segundo a qual todo ministério é carisma, embora nem todo carisma seja ministério, ou por sua própria natureza ou por força das circunstâncias em que o carisma se encontra historicamente. Ainda que afirme a dimensão pneumatológica e a dimensão cristológica dos ministérios, não as articula coerentemente e acaba por submeter de tal maneira a primeira à segunda que o caráter também carismático de todo ministério (inclusive o ordenado) não é, em nenhum momento, formalmente afirmado. No número 21 c, por exemplo, deixando de lado as aquisições praticamente unânimes da exegese atual, que lê, em 1Cor 12, uma correlação/correspondência/ inter-relação (um *abbinamento*, diriam os italianos) entre carismas e ministérios, como que expurga os textos de suas afirmações carismáticas e mantém só as afirmações ministeriais.

Como pode a exortação dizer "Paulo é sobremaneira explícito sobre a constituição ministerial das Igrejas apostólicas" e, imediatamente – dando um salto sobre todo o discurso do Apóstolo sobre a diversidade dos carismas e ministérios em Corinto – afirmar: "Na Primeira Carta aos Coríntios, escreve: 'Alguns, Deus estabeleceu em primeiro lugar como apóstolos, em segundo lugar como profetas, em terceiro lugar como mestres...' (1Cor 12,28)? Onde foram parar a 'palavra de sabedoria', a 'palavra de conhecimento', a 'fé' (no sentido de fidelidade a toda prova ou de fé taumatúrgica"[25]), os "carismas de cura", as "operações de milagres", a "profecia", o "discernimento dos espíritos", os "vários gêneros de línguas", a "interpretação das línguas" (cf. 1Cor 12,8-10.29-30)? Sendo 1Cor 12 um dos textos privilegiados para fundamentar a diversidade dos serviços e ministérios – fundando-os na diversidade dos carismas – e, especialmente, a legitimidade de ministérios não ordenados, por que a exortação trabalha o texto paulino de modo a excluir uma série de ministérios e incluir, sob esta categoria, só os ministérios de apóstolos, profetas e mestres?

Inicialmente, o texto parece equilibrar as dimensões pneumatológica e cristológica dos ministérios. Com efeito, afirma, primeiro, a dimensão pneumatológica: "O Concílio Vaticano II apresenta os ministé-

---

[25] G. BARBAGLIO, *As cartas de Paulo*, Loyola, São Paulo, 1989, p. 325.

rios e os carismas como dons do Espírito Santo em ordem à edificação do Corpo de Cristo e à sua missão de salvação no mundo. A Igreja, com efeito, é dirigida e guiada pelo Espírito que distribui diversos dons hierárquicos e carismáticos a todos os batizados, chamando-os a ser, cada qual a seu modo, ativos e corresponsáveis".[26] E, um pouco abaixo – logo depois de dizer "vamos agora considerar os ministérios e os carismas em referência direta aos fiéis leigos e à sua participação na vida da Igreja-Comunhão"[27] –, introduz a dimensão cristológica: "Os ministérios presentes e operantes na Igreja são todos, embora de diferentes modalidades, uma participação no mesmo ministério de Jesus Cristo, o bom Pastor que dá a vida pelas suas ovelhas (cf. Jo 10,11), o servo humilde e totalmente sacrificado para a salvação de todos (cf. Mc 10,45)".[28] Discorre, então, sobre "a constituição ministerial das Igrejas apostólicas", para concluir que, segundo o Novo Testamento, como resulta destes e de outros textos do Novo Testamento, "os ministérios, bem como os dons e as funções eclesiais, são variados".[29] Aborda, na sequência, os "ministérios derivados da ordem" [*sic*],[30] e, finalmente, os "ministérios, ofícios e funções dos leigos".[31] Na verdade, porém, a lógica do discurso conduz para a afirmação de que só o ministério ordenado é verdadeiramente ministério, e os demais não são senão ofícios e funções[32] ou meras tarefas exercidas em caráter de suplência.[33] Com efeito, diz a exortação: "A missão salvífica da Igreja no mundo realiza-se não só pelos ministros, *que o são em virtude do sacramento da ordem*, mas também por todos os fiéis leigos".[34]

---

[26] *Christifideles laici* 21 a.
[27] Ibid. 21 b.
[28] Ibid. 21 c.
[29] Ibid. 21 c.
[30] Ibid. 22.
[31] Ibid. 23 título.
[32] Ibid. 23 c.
[33] Ibid. 23 c.
[34] Ibid. 23 a; itálico nosso.

A reflexão sobre os carismas, desenvolvida no número 24, não guarda nenhuma relação estrutural com os serviços e ministérios; os carismas, aí, são um adendo, um anexo, um suplemento: "O Espírito Santo, ao confiar à Igreja-Comunhão os diversos ministérios, enriquece-a com outros dons e impulsos especiais, chamados carismas".[35] Carismas são "outros dons e impulsos especiais"! O Espírito Santo enriquece a Igreja com "outros dons e impulsos especiais", quando confia os diversos ministérios! *Ubinam gentium sumus?* Na década de 1970, bons e ortodoxos teólogos aprofundaram não só a questão dos carismas na estruturação da Igreja[36] e sua relação com os sacramentos,[37] tanto os da iniciação quanto o da ordem;[38] por isso, é difícil entender – "tio, é difícil aceitar", cochicharia aos meus ouvidos minha sobrinha psicóloga – como os redatores da *Christifideles laici* tenham não só dispensado, mas, parece, se afastado proposital e sistematicamente, dessas contribuições. O magistério certamente não deve esposar uma corrente teológica, sobretudo nova, sem detida análise, mas também não deveria dispensar sumariamente seus aportes, doutrinalmente insuspeitos, so-

---

[35] Ibid. 24, caput.

[36] Cf. Y. CONGAR, *Ministeri e comunione ecclesiale*, cit.; cf. Carismi e Ministeri, em: L. PACOMIO (coord.), *Dizionario Teologico Interdisciplinare*, Marietti, Casale Monferrato (AL), 1977, vol. I, pp. 504-516; S. DIANICH, *Teologia del ministero ordinato. Una interpretazione ecclesiologica*, Edizioni Paoline, Roma, 1984, especialmente pp. 116-119; B. FORTE, *La Chiesa, icona della Trinità*, Queriniana, Brescia, 1984; id., *Laicato e laicità*, Marietti, Genova, 1986.

[37] Cf. S. DIANICH, *Teologia del ministero ordinato. Una interpretazione ecclesiologica*, cit., pp. 113-116. 119-129; 130ss.

[38] "No âmbito dos carismas do Espírito, instrumentos privilegiados do aspecto interpessoal [da evangelização, da vida e da missão da Igreja], vive o carisma do ministério ordenado. Como carisma entre os carismas, também ele é um instrumento do interpessoal [...]. Se a finalidade específica deste carisma e o seu caráter institucional lhe dão um tom fundamental de apelo à unidade e à continuidade, isto não cancela o fato de que também o ministério é um carisma pessoal, portanto, um dom peculiar do Espírito, para viver uma nova experiência de Cristo e comunicá-la em modo próprio e singular aos outros [...]. O ministério ordenado é um dos carismas, mas é também diverso de todos os outros carismas, porque a Igreja não pode não tê-lo" (S. DIANICH, *Teologia del ministero ordinato*, cit., pp. 141.142), e por esta razão ele é reconhecido e comunicado pelo sacramento da ordenação (ibid., pp. 181-183).

bretudo quando bem recebida por amplos setores da Igreja. Os textos do magistério, por mais isentos que queiram ser, são datados, situados, inscrevem-se numa determinada teologia, fecham-se a alguns influxos, mas abrem-se a outros, não há como não ser assim. O problema de fundo aqui, teologicamente falando, é uma carente reflexão trinitária sobre a Igreja, os carismas e os ministérios, o homem cristão e a existência cristã. *Christifideles laici* avança até a valorização da condição cristã comum a todos os fiéis, mas, na sequência, não vai além daquela eclesiologia que pensa a Igreja estruturada em hierarquia e laicato, para cuja superação o próprio Concílio – que, na superfície, ainda impostava as coisas assim – já dera todos os instrumentos e elementos suficientes.[39] Bons sistemáticos deram o passo, mas *Christifideles laici* preferiu sistematicamente outra estrada.

Aquela reflexão eclesiológica que entende – sem confundi-los [*inconfuse*] e sem separá-los [*inseparabiliter*] – os "ministérios" como "carismas", e os carismas como elementos estruturais e estruturantes da Igreja, situando, prévia e sistematicamente, a totalidade da Igreja em relação com a Trindade – também em atenção à e recepção do que ensina o Concílio em vários de seus documentos (LG 4; LG 7; LG 12; LG 30; LG 31; UR 2; AA 3; AG 23 [cf. LG 18], sobre os carismas e sua relação com os ministérios – deve prosseguir. São João Crisóstomo, ao comentar 1Cor 12,4-6 – "Há diversidade de dons [*diaíreseis charismatõn*], mas um só Espírito. Os ministérios são diversos [*diaíreseis diakoniõn*], mas um só é o Senhor. Há também diversas operações [*diaíreseis energhematon*], mas é o mesmo Deus que opera tudo em todos" – dizia: "O que é operação? O que é carisma? O que é diaconia? As diferenças estão só nos nomes, porque as realidades são as mesmas. Aquilo que é carisma se identifica com a diaconia, e a diaconia se identifica com a operação".[40]

---

[39] Cf. Y. CONGAR, *Ministeri e comunione ecclesiale*, cit.
[40] J. CRISÓSTOMO, *Homilia 28 in Epistola I ad Corinthios*, 12,3. Comentando S. João Crisóstomo, escreve Cettina Militello: "Explica a Militello: Levando a distinção de Paulo para um plano sistemático, não é o afirmar que, se *charísmata* e *energhêmata* indicam a potencialidade extraordinária e ordinária do dom, o termo *diakoniai* aponta para [...] a tradução, a operatividade concreta" (C. MILITELLO, *La Chiesa "il corpo cresimato". Trattato di ecclesiologia*, EDB, Bologna, 2003, p. 609).

Explica a Militello: "Levando a distinção de Paulo para um plano sistemático, não é o afirmar que, se *charísmata* e *energhemata* indicam a potencialidade extraordinária e ordinária do dom, o termo *diakoníai* aponta para [...] a tradução, a operatividade concreta".[41]

---

[41] Ibid., p. 609.

Capítulo X

Santo Domingo: "na unidade do Espírito Santo, com diversidade de ministérios e carismas"

Em tema de ministérios não ordenados, Santo Domingo (1992) diz pouco, mas este pouco foi suficiente para não se voltar para trás.

A primeira afirmação aparece no capítulo 1 – a nova evangelização – de cunho marcadamente eclesiológico (a Igreja convocada à santidade (1.1.); comunidades eclesiais vivas e dinâmicas (1.2.); na unidade do Espírito Santo, com diversidade de ministérios e carismas (1.3.); para anunciar o Reino a todos os povos (1.4.). Ao falar dos fiéis leigos na Igreja e no mundo (1.3.4.), Santo Domingo faz uma referência muito positiva aos ministérios não ordenados: "Hoje, como sinal dos tempos, vemos um grande número de leigos comprometidos na Igreja: exercem diversos ministérios, serviços e funções nas comunidades eclesiais de base ou nos movimentos sociais. Cresce sempre mais a consciência de sua responsabilidade no mundo e na missão *ad gentes*. Aumenta, assim, o sentido evangelizador dos fiéis cristãos. Os jovens evangelizam os jovens. Os pobres evangelizam os pobres".[1]

Sobre os "ministérios conferidos aos leigos", Santo Domingo foi sóbrio e sábio: "O Documento de Puebla acolheu a experiência do Continente no que diz respeito aos ministérios conferidos aos leigos e deu orientações claras para que, de acordo com os carismas de cada pessoa e as necessidades de cada comunidade, se fomentasse 'uma especial criatividade no estabelecimento de ministérios e serviços que possam ser exercidos por leigos, de acordo com as necessidades da evangeliza-

---

[1] *Santo Domingo* 95.

ção' (*Puebla* 833; cf. 804-805; 811-817). O Sínodo dos Bispos em 1987 e a exortação apostólica *Christifideles laici* têm insistido na importância de mostrar que estes ministérios 'têm seu fundamento sacramental no batismo e na confirmação' (*Christifideles laici* 23). Fiéis às orientações do Santo Padre, queremos continuar fomentando estas experiências que dão ampla margem de participação aos leigos (cf. *Christifideles laici* 21-23) e respondem às necessidades de muitas comunidades que, sem esta valiosa colaboração, careceriam de todo acompanhamento na catequese, na oração e na animação de seus compromissos sociais e caritativos. Consideramos que 'novas expressões e novos métodos' para nossa missão evangelizadora encontram amplos campos de realização em 'ministérios, ofícios e funções' que leigos (cf. *Christifideles laici* 23) cuidadosamente escolhidos e preparados podem desempenhar".[2]

---

[2] Ibid. 101.

Capítulo XI

Instrução romana sobre a colaboração dos leigos no ministério dos sacerdotes

No dia 15 de agosto de 1997, exatamente no 25º aniversário de *Ministeria quaedam*, oito Congregações Romanas emanaram a instrução *De Ecclesia Mysterio* sobre alguns aspectos da colaboração dos fiéis leigos no sagrado ministério dos sacerdotes. Este documento – que é filho legítimo, de sangue e papel, de *Christifideles laici* 21-23! – teve o efeito de uma bomba, uma vez que o espaço dos leigos e leigas que desempenham determinados ministérios na Igreja é restringido ao máximo, para não dizer deslegitimado. Tanto no nível disciplinar quanto doutrinal, seu horizonte é estreito, quando não regressivo.

A instrução está dividida em quatro partes: introdução (que o documento chama de "premissa"); princípios teológicos; disposições práticas; conclusão.

A *parte introdutória* do documento reafirma a doutrina tradicional. Sublinha "a urgência e a importância da ação apostólica dos fiéis leigos para o presente e o futuro da evangelização" e afirma que "a Igreja não pode prescindir desta obra, porque é conatural a ela, enquanto povo de Deus, e porque tem dela necessidade para realizar a própria missão evangelizadora". Em seguida, lembra que a nova evangelização "abre aos fiéis leigos horizontes imensos, dos quais alguns devem ainda ser explorados" com genialidade. Distingue, em relação aos fiéis leigos, seus ministérios propriamente batismais e sua participação "nas tarefas mais intimamente ligadas aos deveres dos pastores". Reconhece também que esta participação é um fato na Igreja e mesmo um fato de Igreja. Alegra-se por constatar que, "em muitas Igrejas particulares, a colaboração dos fiéis não ordenados no ministério pastoral do clero se efetua de maneira muito positiva". Com efeito, "para enfrentar situações de falta ou de escassez de ministros sagrados", encontram-se soluções generosas e inteligentes. Em "algumas regiões", porém, dão-se algumas "práticas" abusivas que exigem "esclarecimentos". E circunscreve com toda a clareza o objetivo da instrução, que não consiste em "aprofundar toda a riqueza teológica e pastoral do papel dos leigos na Igreja", como se fez na *Christifideles laici*: "O escopo do presente documento, ao contrário, é simplesmente o de fornecer uma resposta clara e autorizada a insistentes e numerosas questões encaminhadas aos nossos dicastérios por parte de bispos, presbíteros e leigos, os quais, diante de novas formas de atividade 'pastoral' dos fiéis não ordenados no âmbito das paróquias e das dioceses, pediram para ser esclarecidos". O foco, portanto, são as novas formas de atividade "pastoral" desempenhadas por leigos e leigas, ou seja, especificamente, "a colaboração dos fiéis não ordenados com o ministério pastoral do clero".

Os *princípios teológicos* são, em geral, uma retomada de afirmações do Concílio e de documentos posteriores. Três questões preocupam os redatores: (a) a distinção e a "diferença essencial" entre o sacerdócio comum dos fiéis e o sacerdócio ministerial; (b) a unidade e a diversidade das tarefas ministeriais; (c) o caráter insubstituível do ministério ordenado.

A diferença essencial entre sacerdócio comum e sacerdócio ministerial

A diferença não está no sacerdócio de Cristo nem na participação dos fiéis [*christifideles*] neste sacerdócio, mas no *modo* de participação dos fiéis [*christifideles*]: "A diversidade diz respeito ao *modo* da participação no sacerdócio de Cristo e é essencial, no sentido de que, 'enquanto o sacerdócio comum dos fiéis [*christifidelium*] se realiza no desenvolvimento da graça batismal – vida de fé, esperança e caridade, vida segundo o Espírito –, o sacerdócio ministerial está a serviço do sacerdócio comum, é relativo ao desenvolvimento da graça batismal de todos os cristãos' (Catecismo da Igreja Católica 1547). Consequentemente, o sacerdócio ministerial 'difere essencialmente do sacerdócio comum dos fiéis [*christifidelium*], pois confere um poder sagrado para o serviço dos fiéis [*christifidelium*]' (ibid. 1592)". Na sequência, o documento argumenta que o sacerdócio ministerial tem sua raiz no envio em missão dos discípulos por Jesus, fato que está na origem da "sucessão apostólica" e que compreende três tarefas principais: a proclamação da Palavra de Deus, a santificação pela celebração dos sacramentos e a condução pastoral dos fiéis (o tríplice múnus).

A unidade e a diversidade das tarefas ministeriais

O documento insiste sobre a unidade das três tarefas que constituem o ministério pastoral (dos bispos e dos presbíteros): "As funções do ministério ordenado, tomadas em seu conjunto, constituem, em virtude do seu único fundamento, uma indivisível unidade. Uma e única, com efeito, como em Cristo, é a raiz da ação salvífica, significada e realizada pelo ministério no desempenho das funções de ensinar, santificar e reger os outros fiéis. Esta unidade qualifica essencialmente o exercício das funções do sagrado ministério, que são sempre exercício, sob diversos aspectos, do papel de Cristo, Cabeça da Igreja". Sendo assim, as diversas funções dos ministros sacros não podem ser entendidas isoladamente: "Se, pois, o exercício por parte do ministro ordenado do *munus docendi, sanctificandi et regendi* constitui a substância do ministério pastoral, as diversas funções dos ministros sacros, formando uma indivisível unidade, não podem ser entendidas separadamente umas das outras; ao contrário, devem ser consideradas na sua mútua correspondência e complementaridade". Consequentemente, a colaboração dos leigos com os pastores nessas funções é parcial e particular: "Só para algumas delas, e em certa medida, podem cooperar com os pastores outros fiéis não ordenados, se forem chamados a desempenhar tal colaboração pela legítima Autoridade e nos devidos modos". Portanto, diz taxativamente [o itálico é do original] a instrução: "*O exercício destas funções não faz do fiel leigo* [*christifidelis laicus*] *um pastor*: na realidade, não é a função que constitui o ministério, mas a ordenação sacramental. Só o sacramento da ordem atribui ao ministério ordenado dos bispos e dos presbíteros uma peculiar participação no ofício de Cristo Cabeça e Pastor e ao seu sacerdócio eterno. A função exercida a título de suplência, ao contrário, deriva a sua legitimação, imediata e formalmente, da deputação oficial dada pelos pastores, e, na sua concreta atuação, é dirigido pela autoridade eclesiástica".[1] A esta altura, o documento vaticano, recorrendo finalmente ao termo "suplência", deixa definitivamente claro que seu objeto não é o papel dos leigos na Igreja, nem os ministérios não ordenados em geral, mas aquelas atividades, intimamente unidas ao ministério pastoral, que, em determinadas circunstâncias, podem e, de fato, são atribuídas aos leigos.[2] Na premissa, aliás, já se afirmava: "Exatamente porque se trata de tarefas mais intimamente relacionadas com os deveres dos pastores — que, para o serem, devem ter recebido o sacramento da ordem —, exige-se de todos os que de alguma maneira estão nelas envolvidos uma particular diligência para que sejam bem salvaguardadas tanto a natureza e a missão do ministério sagrado, como a vocação e a índole secular dos fiéis leigos. Com efeito, colaborar não significa substituir".

O caráter insubstituível do ministério ordenado

"Uma comunidade de fiéis, para ser chamada Igreja e para o ser realmente, não se pode governar seguindo critérios organizacionais de natureza associativa ou política. Cada Igreja particular *deve* a Cristo o seu governo, porque foi ele, fundamentalmente, quem concedeu à Igreja o ministério apostólico. Por essa razão, nenhuma comunidade tem o poder de dá-lo a si própria ou de estabelecê-lo por meio de uma delegação. O exercício do *múnus* de magistério e de governo requer, com efeito, a determinação canônica ou jurídica por parte da autoridade hierárquica". Daí se tira a conclusão da necessidade de "uma pastoral vocacional zelosa, bem ordenada e contínua" e de "uma cuidadosa formação a todos os que, nos seminários, se preparam para receber o presbiterado".

---

[1] *Christifideles laici* 23.

[2] Convém lembrar que, canonicamente, para falar de suplência, três elementos têm que estar cumulativamente presentes: ausência ou impedimento do ministro ordenado competente, eventualidade do caso e temporariedade da prestação.

Dos princípios teológicos, a instrução passa pura e simplesmente – sem nenhuma mediação analítica e nenhuma contextualização pastoral – às regras canônicas que devem pautar a "colaboração" (não se usa o termo "participação") dos fiéis não ordenados com o ministério dos pastores. A intenção do texto é coibir os abusos, sublinhando os limites do que está canonicamente previsto e que não deve ser ultrapassado. Nesse sentido, dois parágrafos são dedicados aos "desvios pastorais" e aos "abusos [o termo é repetido quatro vezes] disciplinares", à extensão abusiva "do domínio da exceção" e às "transgressões", que exigem uma intervenção imediata das autoridades (na verdade, os bispos), para que apliquem as "normas disciplinares já estabelecidas".

As *disposições práticas* são apresentadas na forma de artigos: necessidade de uma terminologia apropriada (art. 1º); o ministério da palavra (art. 2º); a homilia (art. 3º); o pároco e a paróquia (art. 4º); os organismos de colaboração na Igreja particular (art. 5º); as celebrações litúrgicas (art. 6º); as celebrações dominicais em ausência do padre (art. 7º); o ministro extraordinário da Santa Comunhão (art. 8º); o apostolado dos enfermos (art. 9º); a assistência aos matrimônios (art. 10º); o ministro do batismo (art. 11); a direção da celebração das exéquias eclesiásticas (art. 12); a necessidade de um discernimento e de uma formação adequada (art. 13).[3]

A necessidade de uma terminologia apropriada

"O Santo Padre, no discurso pronunciado aos participantes do Simpósio sobre a 'Colaboração dos fiéis leigos no ministério presbiteral', sublinhou a necessidade de esclarecer e de distinguir as várias acepções que o termo 'ministério' tem assumido na linguagem teológica e canônica."

"[Neste sentido originário,] o termo *ministério* [*servitium*] exprime tão somente a obra com a qual os membros da Igreja prolongam, no

---

[3] Na apresentação das "disposições práticas" da Instrução, preferiu-se citar extratos de cada um dos artigos, procurando enuclear de cada artigo a determinação claramente prática.

interior dela e para o mundo, a missão e o ministério de Cristo. Quando, porém, o termo é diferenciado na relação e no confronto entre os diversos *munera* e *officia*, então é preciso advertir com clareza que só em virtude da Sagrada Ordenação ele obtém aquela plenitude e univocidade de significado, que a tradição sempre lhe atribuiu."

"Não é lícito, portanto, que os fiéis não ordenados assumam, por exemplo, a denominação de 'pastor', de 'capelão', de 'coordenador', 'moderador' ou outras semelhantes que possam, em todo caso, confundir o seu papel com o próprio do pastor, que é exclusivamente o Bispo e o presbítero."

O ministério da palavra

"Nas circunstâncias de escassez de ministros sagrados em determinadas regiões, podem apresentar-se situações permanentes e objetivas de necessidade ou de utilidade tais, que sugiram a admissão de fiéis não ordenados à pregação."

"A pregação nas igrejas e oratórios, por parte dos fiéis não ordenados, pode ser concedida em *suplência* dos ministros sagrados ou, por especiais razões de utilidade, nos casos particulares previstos pela legislação universal da Igreja ou pelas Conferências dos Bispos e, portanto, não se pode tornar um fato ordinário, nem pode ser compreendida como uma autêntica promoção do laicado."

"Sobretudo na preparação para os sacramentos, os catequistas procurem despertar o interesse dos catequizandos pelo papel e pela figura do sacerdote como único dispensador dos divinos mistérios para os quais se preparam."

A homilia

"[Por essa razão], durante a celebração eucarística a homilia deve ser reservada ao ministro sagrado, sacerdote ou diácono. Estão excluídos os fiéis não ordenados, ainda que exerçam a tarefa de 'assistentes pastorais' ou de catequistas em qualquer tipo de comunidade ou de agregação. Não se trata, com efeito, de uma eventual maior capacidade expositiva ou de preparação teológica, mas de função reservada àquele que é consagrado com o sacramento da ordem sagrada, razão por que nem mesmo o Bispo diocesano é autorizado a dispensar da norma do cânon, uma vez que não se trata de lei meramente disciplinar e sim de lei que diz respeito às funções de ensino e de santificação estreitamente ligadas entre si."

"Não se pode, portanto, admitir a prática adotada em algumas ocasiões de se confiar a pregação homilética a seminaristas estudantes de teologia, que ainda não são ordenados. Com efeito, a homilia não pode ser considerada como um treino para o futuro ministério."

"Deve-se considerar ab-rogada pelo cânon 767, § 1 qualquer norma anterior que tenha permitido a pregação da homilia, durante a celebração da Santa Missa, por parte de fiéis não ordenados."

O pároco e a paróquia

"A correta compreensão e aplicação desse cânon [cân. 517, § 2] segundo o qual 'si ob sacerdotum penuriam Episcopus dioecesanus aestimaverit participationem in exercitio curae pastoralis paroeciae concredendam esse diacono aliive personae sacerdotali charactere non insignitae aut personarum communitati, sacerdotem constituat aliquem qui, potestatibus et facultatibus parochi instructus, curam pastoralem moderetur',[4] exige que uma medida assim excepcional aconteça no cuidadoso respeito das cláusulas contidas na norma, ou seja: *a*) *ob sacerdotum penuriam* e não por razões de comodidade ou de uma equívoca 'promoção do laicado' etc.; *b*) que seja claro tratar-se de uma *participatio in exercitio curae pastoralis* e não de dirigir, coordenar, moderar ou governar a paróquia; o que, segundo o texto do cânon, compete exclusivamente a um sacerdote."

---

[4] A Instrução cita o original latino do § 2 do cânon 517, cuja tradução é: "Se, em virtude da falta de sacerdotes, o Bispo diocesano julgar que a participação no exercício da cura pastoral da paróquia deva ser confiada a um diácono ou a outra pessoa que não possua o caráter sacerdotal, ou a uma comunidade de pessoas, constitua um sacerdote que, dotado dos poderes e das faculdades de pároco, oriente o serviço pastoral".

"Justamente porque se trata de casos excepcionais, é necessário antes de tudo considerar, por exemplo, a possibilidade de servir-se de sacerdotes anciãos ainda saudáveis, ou de confiar diversas paróquias a um só sacerdote ou a um *coetus sacerdotum*."

"Não se ignore, em todo caso, a preferência que o próprio cânon estabelece pelo diácono."

Os organismos de colaboração na Igreja particular

"O *conselho pastoral*, diocesano e paroquial, e o *conselho econômico paroquial*, dos quais fazem parte também fiéis não ordenados, gozam unicamente de voto consultivo e não podem, de modo algum, tornar-se organismos deliberativos. Podem ser eleitos para tais encargos somente os fiéis que possuam as qualidades requeridas pelas normas canônicas."

"É próprio do pároco presidir os conselhos paroquiais. Eis por que são inválidas e, portanto, nulas, as decisões deliberadas por um conselho paroquial reunido sem a presidência do pároco, ou contra ele."

As celebrações litúrgicas

"Para salvaguardar, também neste campo, a identidade eclesial de cada um, devem ser removidos os abusos de vários tipos que são contrários à norma do cânon 907, segundo o qual, na celebração eucarística, aos diáconos e aos fiéis não ordenados não é consentido proferir as orações e qualquer outra parte reservada ao sacerdote celebrante — sobretudo a oração eucarística com a doxologia conclusiva — ou executar ações e gestos que são próprios do mesmo celebrante. Constitui igualmente abuso grave que um fiel não ordenado exerça, *de facto*, uma quase 'presidência' da Eucaristia, deixando ao sacerdote somente o mínimo para garantir a sua validade."

"Na mesma linha aparece evidente a ilicitude do uso nas ações litúrgicas de paramentos reservados aos sacerdotes ou aos diáconos (estola, planeta ou casula, dalmática) por quem não é ordenado."

"Deve-se evitar cuidadosamente até mesmo a aparência de confusão que pode surgir de comportamentos liturgicamente anômalos. Assim como se recorda aos ministros sagrados o dever de vestirem todos os paramentos sagrados prescritos, assim também os fiéis não ordenados não podem revestir aquilo que não lhes é próprio."

"Para evitar confusão entre a liturgia sacramental presidida por um sacerdote ou diácono e outros atos animados ou dirigidos por fiéis não ordenados, é necessário que estes últimos usem fórmulas claramente distintas."

As celebrações dominicais na ausência de presbítero

"Para dirigir as mencionadas celebrações, o fiel não ordenado deverá ter um mandato especial do Bispo, que deverá dar as indicações oportunas acerca da duração, do lugar, das condições e do presbítero responsável."

"Tais celebrações, cujos textos deverão ser os aprovados pela Autoridade eclesiástica competente, configuram-se sempre como soluções temporárias. É proibido inserir na sua estrutura elementos próprios da liturgia sacrifical, sobretudo a 'oração eucarística', ainda que em forma narrativa, para não induzir os fiéis ao erro. Para este fim, deve-se recordar sempre aos participantes destas celebrações que elas não substituem o Sacrifício Eucarístico e que o preceito dominical é satisfeito somente através da participação na Santa Missa. Nesses casos, onde as distâncias e as condições físicas o permitirem, os fiéis devem ser estimulados e ajudados a fazer o possível para cumprir o preceito."

O ministro extraordinário da Sagrada Comunhão

"Para que o ministro extraordinário, durante a celebração eucarística, possa distribuir a Sagrada Comunhão, é necessário ou que não estejam presentes ministros ordinários ou que estes, embora presentes, estejam realmente impedidos. Pode igualmente desempenhar o mesmo encargo quando, por causa da participação particularmente numerosa dos fiéis que desejam receber a Santa Comunhão, a celebração eucarística prolongar-se-ia excessivamente por causa da insuficiência de ministros ordinários."

"Este encargo é *supletivo* e *extraordinário* e deve ser exercido segundo a norma do direito."

"Para não gerar confusão, devem-se evitar e remover algumas práticas que há algum tempo foram introduzidas em algumas Igrejas particulares, como por exemplo: o comungar pelas próprias mãos, como se fossem concelebrantes; associar à renovação das promessas sacerdotais, na Santa Missa Crismal da Quinta-Feira Santa, também outras categorias de fiéis que renovam os votos religiosos ou recebem o mandato de ministros extraordinários da comunhão eucarística; o uso habitual de ministros extraordinários nas Santas Missas, estendendo arbitrariamente o conceito de 'numerosa participação'."

O apostolado dos enfermos

"Onde os fiéis não ordenados acompanham os enfermos nos momentos mais graves, é seu precípuo dever suscitar neles o desejo dos sacramentos da penitência e da unção dos enfermos, favorecendo as suas disposições e ajudando-os a se preparar para uma boa confissão sacramental e individual, como também para receber a sagrada unção. Quando recorrerem ao uso dos sacramentais, os fiéis não ordenados cuidarão que tais gestos não sejam confundidos com os sacramentos, cuja administração é própria e exclusiva do Bispo e do Presbítero. Em nenhum caso pode fazer unções quem não é sacerdote, nem com o óleo abençoado para a unção dos enfermos, nem com óleo não abençoado."

"Para a administração deste sacramento, a legislação canônica acolhe a doutrina teologicamente certa e a praxe multissecular da Igreja, segundo as quais o único ministro válido é o sacerdote. Essas normas são plenamente coerentes com o mistério teológico significado e realizado por meio do exercício do serviço sacerdotal."

"Deve-se afirmar que a reserva exclusiva do ministério da unção ao sacerdote é posta em relação com o liame do mencionado sacramento com o perdão dos pecados e a digna recepção da Eucaristia. Nenhum outro pode desempenhar a função de ministro ordinário ou extraordinário do sacramento, e qualquer ação nesse sentido constitui simulação do sacramento."

A assistência aos matrimônios

"A possibilidade de delegar fiéis não ordenados para assistir aos matrimônios pode revelar-se necessária, em circunstâncias muito particulares de grave falta de ministros sagrados."

"Ela está, porém, condicionada à verificação de três requisitos. O Bispo diocesano, com efeito, pode conceder tal delegação unicamente nos casos em que faltem sacerdotes ou diáconos e somente após ter obtido, para a própria diocese, o voto favorável da Conferência dos Bispos e a necessária licença da Santa Sé."

O ministro do batismo

"É particularmente louvável a fé com a qual não poucos cristãos [... em situações excepcionais ...] têm assegurado — e asseguram ainda hoje — o sacramento do batismo às novas gerações, na falta dos ministros ordenados."

"Além do caso de necessidade, as normas canônicas preveem que, na falta do ministro ordinário ou estando o mesmo impedido, o fiel não ordenado possa ser designado ministro extraordinário do batismo. Todavia, é preciso tomar cuidado com interpretações por demais extensivas e evitar conceder essa faculdade de forma habitual."

"Assim, por exemplo, a ausência ou impedimento, que tornam lícita a deputação de fiéis não ordenados para administrarem o batismo, não podem configurar-se com o excessivo trabalho do ministro ordinário ou com a sua não residência no território da paróquia e nem tampouco com a sua não disponibilidade no dia previsto pela família. Tais motivações não constituem razões suficientes."

A direção da celebração das exéquias eclesiásticas

"É, portanto, desejável que, mesmo com sacrifício, os sacerdotes ou os diáconos presidam pessoalmente os ritos fúnebres segundo os mais louváveis usos locais, para rezar pelos defuntos de maneira conveniente, aproximando-se também das famílias e aproveitando a ocasião para uma oportuna evangelização."

"Os fiéis não ordenados podem dirigir as exéquias eclesiásticas somente nos casos de verdadeira falta de um ministro ordenado e observando as respectivas normas litúrgicas. Eles devem ser bem preparados para essa tarefa, tanto do ponto de vista doutrinal como litúrgico."

Necessidade de discernimento e formação adequada

"É dever da Autoridade competente, quando ocorra a objetiva necessidade de uma 'suplência', nos casos acima indicados, escolher o fiel que seja de sã doutrina e de exemplar conduta de vida. Não podem, portanto, ser admitidos ao exercício destas funções os católicos que não vivem uma vida digna, que não gozam de boa fama ou que se encontram em situações familiares incoerentes com o ensinamento moral da Igreja. Além disso, devem possuir a devida formação, para o cumprimento adequado da função a eles confiada."

"Os cursos de formação que a Autoridade competente organizará no âmbito da Igreja particular, em ambientes distintos dos seminários, que devem ser reservados exclusivamente aos candidatos ao sacerdócio, cuidando com atenção que a doutrina neles ensinada seja absolutamente conforme ao magistério eclesial e que o ambiente seja verdadeiramente espiritual."

Capítulo XII

Reações à instrução romana

Enquanto, em relação aos textos anteriormente apresentados que versavam sobre a questão dos ministérios não ordenados na vida e missão da Igreja (Vaticano II, *Ministeria quaedam, Evangelii nuntiandi* etc.), as reações foram, em geral, muito positivas, a instrução romana de 1997 mereceu sérias ressalvas e mesmo duras críticas, sobretudo no que diz respeito às "disposições práticas".

A análise crítica mais orgânica veio do teólogo jesuíta francês Bernard Sesboüé, que apresenta seu livro *Rome et les laïcs. Une nouvelle pièce au débat: l'Instruction romaine du 15 août 1997*, como uma continuação de *N'ayez pas peur!*, publicada em 1996 e traduzida em várias línguas.

A necessidade de uma terminologia apropriada

Sesboüé reconhece que, neste ponto, a instrução tocou num problema real, ainda que movida pela preocupação de não dar aos leigos os nomes de ministérios que, de si, são próprios dos ministros ordenados; neste sentido, jogando num mesmo saco gatos e sapatos, opõe-se a que os termos "pastor", "assistente", "capelão", "coordenador", "moderador" e outros sejam utilizados a propósito de leigos não ordenados.

A instrução, entretanto, não põe em causa o uso do termo "ministério", com algumas ressalvas e restrições, para certas funções eclesiais assumidas por leigos; neste sentido, reconhece que há duas categorias de ministérios na Igreja: os ministérios ordenados e os ministérios batismais ou não ordenados, e que os leigos que participam do múnus pastoral, em virtude de uma missão, são igualmente reconhecidos, neste nível, como "ministros extraordinários".

É preciso, portanto, reconhecer que existe uma real confusão terminológica em relação aos ministérios assumidos pelos leigos. Nem sempre é fácil discernir quando se trata de um ministério batismal ou de um ministério propriamente pastoral. Segundo Sesboüé, essa confusão é inevitável no começo e só com o tempo (não com um decreto de linguagem!) será possível discernir concretamente o que pertence a um e a outro. Além disso, a meu ver, é preciso distinguir entre "ministério" e "ministro", operação que, de modo geral, não se faz.

O ministério da palavra e a homilia

Aqui, a instrução é particularmente restritiva. Insiste que o papel dos leigos se situa na catequese e que sua admissão a "pregar na Igreja", em caso de necessidade (por exemplo, numa celebração em ausência de padre) ou de verdadeira utilidade e a título de *suplência*, deve continuar sendo uma *exceção*. Bem que poderia ter apresentado as condições e os critérios com base nos quais um(a) leigo(a) poderia pregar, mas as oito autoridades romanas preferiram rígidas medidas jurídicas a judiciosas indicações pastorais.

Sobre a interdição da homilia aos leigos, nos termos do cânon 767, 1, Sesboüé faz quatro considerações:

Primeira. Sendo que a instrução não impede o "uso da palavra" por leigos durante a celebração da Eucaristia, corre-se o risco de fazer uma distinção formal entre homilia e uso da palavra, e os leigos acabariam pregando, fora, porém, do momento estrutural da homilia, com prejuízo da lógica ritual.

Segunda. Em certas ocasiões, seria extremamente conveniente que o leigo pregasse; não lhe sendo permitido, pode-se prejudicar o tratamento de um tema, a peculiaridade de uma celebração, a possibilidade de uma relação diferenciada entre os sujeitos eclesiais em contexto celebrativo.

Terceira. Devido à falta de padres, que, em muitas situações, é a regra, a pregação "na Igreja ou no oratório" por leigos (que a instrução proíbe), hoje em dia, não é mais excepcional. "Não é senão uma exceção 'de princípio'. A gestão concreta deste dado pastoral novo exigiria uma atitude totalmente diferente, que concerne à formação doutrinal e espiritual desses fiéis leigos."[1]

Quarta. Há uma questão histórica que as interdições disciplinares atuais não podem desconhecer nem esvaziar teologicamente: a Igreja antiga conhece casos em que bispos pediram que leigos pregassem na Igreja em razão de sua competência, mesmo em sua presença! Defendendo-se dos ataques do bispo Demétrio, de Alexandria, pelo fato de terem convidado Orígenes, ainda leigo, a "fazer conferências e a explicar as Escrituras divinas na assembleia da Igreja", o bispo de Jerusalém e o bispo de Cesareia argumentam: "Lá onde se encontram homens capazes de prestar serviço a seus irmãos, eles são convidados pelos santos bispos a se dirigirem ao povo".[2] Que o Concílio Vaticano II esteja coberto de razão ao ensinar que o encargo de anunciar a Palavra – obviamente, no caso dos ministros ordenados! – venha da ordenação (e não da jurisdição, como se pensava em Trento), não impede que um leigo ou uma leiga, enviado pelo bispo ou, em seu nome, pelo pároco, possa pregar. "Uma coisa é uma coisa; outra coisa é outra coisa", dizia o primeiro bispo de Apucarana. A velha boa lógica já ensinava que *affirmatio unius non est negatio ullius*!

O pároco e a paróquia

O cânon 517, § 2 prevê que, em caso de falta de padre, paróquias e capelanias podem ser confiadas a pessoas não ordenadas sob a autoridade de um padre moderador, que recebe os poderes canônicos de pároco. A instrução comenta esta disposição no sentido mais restritivo possível, "como se ele fosse utilizado sem razões sérias ou por mera conveniência, e recorda todos os limites concernentes à participação dos leigos no ministério pastoral. É realista falar de 'casos excepcionais', quando eles hoje estão em expansão e que tudo leva a pensar que eles aumentarão ainda mais nos próximos anos?"[3]

---

[1] B. SESBOÜÉ, *Rome et les laïcs. Une nouvelle pièce au débat: l'Instruction romaine du 15 août 1997*, Desclée de Brouwer, Paris, 1998, p. 76.
[2] Ibid., p. 77.
[3] Ibid., p. 79.

A instrução indica duas saídas adicionais para não se recorrer senão *in extremis* ao cânon 517: a permanência em atividade pastoral de padres com mais de setenta e cinco anos de idade ainda em condições de exercer o ministério ("idoso ainda válido"); a preferência do "diácono" ao leigo. No primeiro caso, em que pese a generosidade dos padres idosos, não é eternizando sua permanência à frente de paróquias que se vai solucionar a penúria de padres em muitas áreas da Igreja; no segundo caso, indo além do cânon (que menciona "um diácono *ou* um leigo"), a instrução acrescenta um novo elemento ao já difícil desafio de definir a especificidade do ministério diaconal. Sesboüé comenta: "O diácono, que não é ordenado para o sacerdócio, mas para o serviço, deve encontrar o centro de gravidade do seu ministério no serviço setorial da comunidade diocesana (pois ele é o diácono do bispo e da diocese), do qual seu serviço litúrgico é a expressão simbólica. Ele não é um 'subpadre': portanto, não se deve colocá-lo, a não ser excepcionalmente, no ministério propriamente pastoral das paróquias". E conclui: "A aplicação da diretiva do documento exigiria, pois, uma teologia do diaconato, que nunca foi debatida nem refletida como tal, em ligação com os bispos, uma vez que são eles que têm a responsabilidade de ordenar diáconos permanentes e de confiar-lhes um ministério".[4]

Os organismos de participação

Depois do Concílio, temos impulsionado leigos e leigas a entrarem nas mais diversas comissões, nos conselhos de assuntos econômicos e nos conselhos pastorais. Formados a partir da reflexão e da ação, esses leigos participam de todos os momentos e aspectos da ação pastoral, que, há algumas décadas, implica um amplo e diversificado leque de responsabilidades: atividades individuais e de grupo, equipes de animação e coordenação comunitária e paroquial, conselhos pastorais comunitários, paroquiais e diocesanos, assembleias paroquiais, decanais e diocesanas etc.

Ora, a instrução de 1997 "exprime uma suspeição bastante generalizada em relação aos diversos órgãos de conselhos cada vez mais pre-

---

[4] Ibid., p. 80.

sentes na vida da Igreja. Lembra com vigor que eles não poderiam ser espaços deliberativos, no sentido jurídico do termo, isto é, capazes de decisão. Estes órgãos não cumprem senão um papel consultivo que não pode, em nenhum caso, se substituir ao papel do bispo ou do pároco", chegando a afirmar que "são inválidas e, portanto, nulas, as decisões deliberadas por um conselho paroquial reunido sem a presidência do pároco, ou contra ele".[5]

Embora a Igreja não seja uma democracia (mas também não é uma monarquia!), não podemos ignorar e desmerecer a cultura democrática que marca a modernidade. A Igreja "não pode", acrescenta Sesboüé, "esvaziar a dimensão de deliberação [...] e de trabalho consensual que atravessa toda ideia de conselho. Não se trata de negar que a decisão deve ser tomada pelo verdadeiro responsável".[6] As decisões não podem ser tomadas de maneira autoritária; ao contrário, é indispensável que cada um se sinta ouvido e compreendido segundo a legitimidade do seu ponto de vista, mesmo que, no final, a decisão tome outro rumo. É mais complicado e mais demorado, mas "é indispensável para a boa 'comunhão' nas comunidades, em nível local e em nível universal. A Igreja Católica precisa exercitar-se nesta exigência que ainda não lhe é espontânea".[7] A propósito, vem-me à mente a consideração do escritor romano Lamprídio a respeito da 'democracia' vivida pela Igreja dentro da estrutura autoritária e verticalista do Império. "Mais de um século depois de Cipriano, Lamprídio, um pagão desejoso de liberdade e preocupado que os pagãos conservassem alguns sufrágios num império cada vez mais cristianizado, oferecerá como exemplo à sociedade civil o modo de eleição dos cristãos. Fá-lo-á com grande habilidade, descrevendo o imperador Alexandre Severo (222-235), que, segundo ele, teria querido que os magistrados fossem eleitos como os 'sacerdotes' cristãos e judeus, isto é, seguindo o procedimento da eleição".[8]

---

[5] Ibid., p. 80.
[6] Ibid., p. 82.
[7] Ibid., p. 82.
[8] A. FAIVRE, *I laici alle origini della Chiesa*, Edizioni Paoline, Cinisello Balsamo (MI), 1986, p. 155, que cita, a propósito, Lamprídio, Alexandre Severo, 45,6-7.

Liturgia e celebração da Palavra

Desde a década de 1960, multiplicaram-se as Celebrações da Palavra; na América Latina, o fenômeno mais impressionante começou na Diocese de Choluteca (Honduras) em 1964 e se expandiu por toda a região; na Europa, a experiência mais consistente é a das ADAP ("Assembleia Dominical na Ausência do Padre"), que se desenvolve na França; entre nós, as Celebrações da Palavra de Deus não só fazem parte do panorama eclesial há décadas, mas também são impulsionadas pelo episcopado.[9]

O que a instrução diz a respeito da colaboração dos fiéis leigos no âmbito da liturgia em geral e em relação às Celebrações da Palavra?

Primeiro. Que é abusivo fazer um fiel não ordenado exercer a quase presidência da Eucaristia. E isso é verdade. Mas a questão é saber onde isso acontece, pois, até agora, ninguém em nenhum lugar se reconhece sob essa acusação.

Segundo. Em relação às celebrações, a instrução não apresenta a questão essencial: pode a Igreja Católica, que afirma fortemente a centralidade da Eucaristia para a sua vida e missão, e impõe aos seus membros a participação à Eucaristia dominical, se contentar com a Celebração da Palavra com distribuição da comunhão como uma alternativa de fato à celebração dominical da Eucaristia em centenas de milhares de comunidades mundo afora?

Terceiro. A instrução pede que a autorização para que um leigo distribua a comunhão seja dada somente pelo bispo diocesano "utilizando a fórmula de bênção litúrgica apropriada", podendo o padre fazê--lo apenas "em casos excepcionais e imprevisíveis".

O apostolado dos enfermos

A instrução mostra-se preocupada com duas coisas: o exercício do ministério da reconciliação e da unção dos enfermos por fiéis leigos no âmbito da Pastoral da Saúde. Comenta Sesboüé: "Parece que o papel

---

[9] CNBB, *Orientações para a Celebração da Palavra de Deus*, Paulinas, São Paulo, 1994 [Documento 52 da CNBB].

dos fiéis enviados em missão nos hospitais é simplesmente o de 'suscitar o desejo dos sacramentos da penitência e dos enfermos', enquanto o drama quase cotidiano destes ministros leigos é sua impossibilidade de fazer vir padres para administrar esses sacramentos. Percebe-se mais uma vez a preocupação ritualista do documento, que se fixa neste ponto, esquecendo totalmente a situação diante da qual se encontram tantíssimos leigos em missão pastoral: eles recebem confissões, eles devem levar a Eucaristia, mas têm que recusar uma unção dos enfermos frequentemente pedida com insistência".[10]

Leigos, com efeito, sem ter querido nem buscado, ouvem confissões espontâneas de doentes ou de moribundos, pois é impossível chamar um padre. Evidentemente, não dão a absolvição. Mas, então, o que fazer? Que orientação dar? Como interpretar esta situação em relação ao "sacramento da reconciliação"? Pode-se acolher para a Eucaristia aqueles que assim colocaram, de sua parte, todos os atos da penitência? Não seria gravemente injusto recusá-la?".[11]

Como em relação à pregação, é preciso lembrar que, na história da Igreja, testemunha-se a prática da unção dos enfermos também por leigos, estribada no fato de que o bispo, pela consagração do óleo santo, "confecciona" o sacramento, cabendo ao padre e/ou ao leigo sua "aplicação". A carta *Si instituta ecclesiastica*, do Papa Inocêncio I, ao bispo Decêncio de Gubbio, em 416, é o texto decisivo: "Não há dúvida de que isto [Tg 5,14ss.] deva ser entendido e compreendido em relação aos fiéis doentes, que podem ser ungidos com o santo óleo do crisma, que, consagrado pelo bispo, pode ser usado para unções não somente pelos sacerdotes, mas também por todos os cristãos para necessidade própria ou dos seus (parentes)" (DH 216). Ainda no século VI e no século VIII, Cesário de Arles e Beda, o Venerável, respectivamente, atestam esta prática de unções feitas por leigos.[12]

---

[10] Ibid., p. 84.
[11] Ibid., p. 97.
[12] Cf. CL. ORTEMANN, *A força dos que sofrem. História e significação do sacramento dos enfermos*, Edições Paulinas, São Paulo, 1978.

De modo semelhante, há testemunhos históricos de leigos exercendo o ministério da reconciliação dos penitentes.[13]

As exéquias eclesiásticas

A instrução diz, acertadamente, que, "nas atuais circunstâncias de crescente descristianização e de afastamento da prática religiosa, o momento da morte e das exéquias pode constituir, às vezes, uma das mais oportunas ocasiões pastorais para um encontro direto dos ministros ordenados com os fiéis que, habitualmente, não frequentam". Mais uma vez, porém, não se dá conta de que, na maioria das regiões, a presença de um padre nas exéquias se tornou física ou moralmente impossível, dados os inúmeros outros compromissos pastorais de que os presbíteros têm que se desincumbir todos os dias. Não é o caso de fazer apelo ao sacrifício, como faz a instrução. Não só porque há leigos que, individualmente ou em equipe, exercem o ministério das exéquias de forma excelente,[14] mas também porque é imperioso, nas circunstâncias atuais, ajudar os padres a viver seu ministério de forma inteligente, criativa, equilibrada e harmoniosa. Sem diminuir em nada a circunstância da dor provocada pela morte e a importância de uma presença da comunidade eclesial junto às pessoas que sofrem com a perda de alguém, há uma sábia "hierarquia de atividades pastorais" e de "divisão do trabalho pastoral" que os bons pastores sempre souberam estabelecer!

---

[13] Cf. PH. ROUILLARD, *Storia della penitenza dalle origini ai nostri giorni*, Queriniana, Brescia, 2005², pp. 55ss.

[14] Aliás, se o momento da morte e das exéquias pode constituir uma das mais oportunas ocasiões pastorais para um encontro direto dos ministros ordenados com os fiéis afastados, por que este encontro deve ser com os ministros ordenados? Um leigo ou leiga com carisma e formação adequada não poderia também propiciar um encontro positivo com a Igreja, com a comunidade cristã, com cristãos e cristãs sem nenhum título especial, mas movidos por profunda sensibilidade, empatia e compaixão com irmãos e irmãs visitados pela dor da perda de um ente querido? Não se esconde um *sacerdotemonismo* quando, ao se pensar na relação com a Igreja, esta é imediatamente pensada em termos de fiel – ministro ordenado? Na Igreja antiga, a evangelização foi feita muito mais pelo testemunho das comunidades e pelo contato pessoal entre pagãos e simples cristãos do que entre pagãos e ministros ordenados.

Ninguém nega a necessidade de adequada formação humana, bíblica, doutrinal, espiritual e pastoral para os leigos ativos na pastoral. O que estranha, na instrução, é o regime de segregação em que as oito autoridades romanas querem que ela seja feita: "Em ambientes distintos dos seminários, que devem ser reservados exclusivamente aos candidatos ao sacerdócio"! Muitos têm visto tal determinação como mesquinha e mesmo odiosa em relação aos leigos e leigas. Como estamos longe do Vaticano II, que, por um lado, tanto insistiu na comum dignidade, na identidade da missão, na comunhão dos carismas e ministérios, e, por outro, no regime de encarnação dos pastores, que, como todos os demais cristãos, devem reproduzir a atitude de Cristo que "se fez semelhante a nós em tudo, menos no pecado"![15]

No início de seu comentário à instrução, Sesboüé se referira ao tom reticente, rígido e suspeitoso da mesma;[16] em suas considerações finais, apresenta algumas perguntas: "Que imagem de Igreja ela propõe? É verdadeiramente a imagem de uma Igreja-comunhão? Não é antes uma imagem em que todas as coisas são determinadas a partir de cima até nos mínimos detalhes, colocando o essencial e o acessório no mesmo nível? Que mentalidade "curial" ela testemunha? Os bispos não são aí considerados como "meros delegados", mais agentes de execução pastoral que pastores em quem se confia realmente?"[17]

Ainda que, de um ponto de vista jurídico, não se deva superestimar sua importância, pois se trata de uma "instrução" – um texto que não tem o valor de uma encíclica, nem de um decreto pontifício, nem de um diretório – seu alcance simbólico é claro: a Santa Sé, por um lado, está longe de aquilatar a extensão e a gravidade da crescente escassez de ministros ordenados na Igreja, e, por outro, não está se mostrando capaz de fazer uma leitura globalmente positiva e propositiva das respostas ministeriais que as Igrejas locais e particulares, a despeito de todas as limitações institucionais, estão dando a esta dramática conjuntura.

Após a publicação da instrução, aliás, multiplicaram-se admoestações disciplinares de cunho mais particular. A Congregação para o Culto

---

[15] Hb 4,15.
[16] B. SESBOÜÉ, *Rome et les laïcs*, cit., p. 63.
[17] Ibid., p. 93.

Divino e a Disciplina dos Sacramentos publicou, em 2004, a "instrução *Redemptionis sacramentum*, sobre certas coisas a observar e a evitar em relação à santíssima Eucaristia".[18] No ano seguinte, 2005, a Congregação para a Doutrina da Fé publicou uma nota em que insiste que "só o sacerdote é ministro do sacramento da unção dos enfermos".[19] Aliás, a interdição aos diáconos e aos leigos de celebrar a unção dos enfermos é apresentada como "definitiva". A nota endereçada aos presidentes das conferências episcopais visa justamente condenar "tendências teológicas" que "se manifestaram nas últimas décadas", sobretudo onde "a falta de padres torna difícil a administração do sacramento".[20]

Para marcar com toda a clareza a distinção entre clero e laicato, o prefeito da Congregação para o Clero afirma que alguém não "atua" como padre, mas "é" padre: *On ne fait pas le prêtre; on est prêtre*.[21] De maneira enfática, retoma a ótica desenvolvida na instrução de 1997: "O exercício de uma função [de cooperação com os sacerdotes] não faz do leigo um pastor; na realidade, o que constitui o ministério não é a própria atividade, mas a ordenação sacramental".[22]

O documento romano visa também tranquilizar os clérigos, evitando qualquer confusão de gêneros. "A Igreja quer elevar o moral dos padres", dizia o jornal francês *La Croix*. Alguns padres vivem, com efeito – embrionariamente, desde a década de 1960 –, com certa ansie-

---

[18] SAGRADA CONGREGAÇÃO PARA O CULTO DIVINO E A DISCIPLINA DOS SACRAMENTOS, Instrução *Redemptionis sacramentum* sobre algumas coisas que se devem observar e evitar acerca da Santíssima Eucaristia (25 de março de 2004).

[19] SAGRADA CONGREGAÇÃO PARA A DOUTRINA DA FÉ, Nota sobre o Ministro do Sacramento dos Enfermos (11 de fevereiro de 2005).

[20] Vale lembrar, por exemplo, a tomada de posição do teólogo dominicano francês Pierre-Marie Gy, que, observando o mal-estar expresso por agentes da Pastoral da Saúde diante de demandas não atendidas, opina que a questão da administração da unção dos enfermos por ministros não ordenados "merece um exame atento do ponto de vista do dogma, da tradição eclesial e da disciplina canônica" (P.-M. GY, La question du ministre de l'onction des malades, em: *La Maison-Dieu*, 205 [1996], pp. 15-24).

[21] Cf. *La Croix*, 21 de outubro de 2002.

[22] Instrução *De Ecclesiae Mysterio*, sobre alguns aspectos da colaboração dos fiéis leigos no sagrado ministério dos sacerdotes, Princípios teológicos, 2.

dade sua relação com os leigos que assumem maior responsabilidade na Igreja e, de maneira especial, com os agentes de pastoral leigos e leigas, temendo perder espaço e, sobretudo, poder, inclusive no campo litúrgico. Nesse sentido, comenta um vigário paroquial com cerca de 40 anos de idade: "Determinadas correntes partem do *a priori* segundo o qual o número de padres irá diminuindo e que é necessário, portanto, que os leigos tomem seu lugar, que façam o melhor possível para substituí-los. Tenho alguns exemplos na minha diocese [Meaux], onde as pessoas vêm dizer ao padre: 'Mas o senhor é muito presente!' Conheço outro caso [na Normandia]: um padre se propunha a celebrar a missa e isso lhe foi recusado porque alguns leigos tinham preparado uma Assembleia dominical em ausência (ou à espera) de padre![23] Nesse tipo de situação, há algo que é constrangedor [...]. As pessoas da paróquia aqui se preparavam para uma situação em que haveria cada vez menos padres e eles viram chegar três jovens padres. Volta-se sempre a questões de conflitos de poder, de divisão de papéis [...]. A questão litúrgica é bastante reveladora dessas tensões. É o lugar mais simbólico do lugar do padre e do lugar dos leigos".[24] Na outra ponta da relação, os leigos, muitas vezes, exprimem seu sentimento nos seguintes termos: "Um dia, eu disse ao bispo: 'Se o senhor ordenar durante o ano 150 padres, não haverá mais assistente leigo no hospital de... !' Ele me respondeu: 'Não, agora que eu vi como isso funciona, eu conservaria minha equipe de senhoras, pois o que eu ouço dizer é que isso funciona ao menos quanto com um padre!' Mas eu continuo convencido de que nos deixam espaço porque não há padres".[25]

Na verdade, os documentos romanos se esforçam por apresentar o baixo número de vocações no mundo ocidental como "um parêntese passageiro", uma situação "provisória". Sendo assim, não é necessário buscar respostas institucionais novas a tamanho desafio, nem normali-

---

[23] *Assemblée Dominicale en Absence / Attente de Prêtre* (ADAP) é a expressão consagrada na França para as Celebrações da Palavra de Deus presididas aos domingos por ministros leigos.

[24] A fala, de um padre francês, é mencionada por uma socióloga que se dedicou, durante anos, ao estudo dos novos ministérios na França (C. BÉRAUD, *Prêtres, diacres, laïcs. Révolution silencieuse dans Le catholicisme français*, Presses Universitaires de France, Paris, 2007, p. 86).

[25] Ibid., p. 89.

zar a participação dos agentes pastorais leigos na função pastoral, nem buscar formas novas e/ou plurais de ministério ordenado. Interpretando a atual situação ministerial como uma crise severa, mas passageira, as autoridades romanas não só têm dificuldade de reconhecer verdadeira ministerialidade a tantos papéis desempenhados por leigos e leigas na Igreja, mas também, quando a reconhecem, classificam-nos na categoria de "suplência". Em outras palavras: no limite, em sentido próprio, ministério na Igreja é só e exclusivamente o ministério ordenado!

Vai noutra direção a CNBB, quando, no documento *Missão e ministérios dos cristãos leigos e leigas*, referindo-se aos chamados ministérios de "suplência", propõe o seguinte: "Se estas funções, embora [historicamente consideradas] próprias e típicas do ministério ordenado, podem, em determinadas circunstâncias, ser assumidas por leigos e leigas, por que não se pensar numa reorganização mais ousada dos ministérios eclesiais, criando verdadeiros e próprios "ofícios" a serem conferidos a leigos e leigas estavelmente e com responsabilidade própria e não simplesmente como "suplência"? E argumentam os bispos: "Do ponto de vista teológico, se um leigo ou leiga pode suprir o ministro ordenado em determinadas ações, significa que está habilitado para tanto, em virtude dos sacramentos da iniciação. Por outro lado, nas atuais circunstâncias, em muitos lugares, a suplência não tem o caráter de eventualidade ou provisoriedade, mas de situação pastoral normal e habitual, sem previsão razoável de mudança desse quadro".[26]

A instrução não se dá conta de que, em muitas Igrejas, esta participação extrapolou os limites da suplência, uma vez que, aí, a falta de sacerdotes é crônica, habitual, quase permanente; não se dá conta de que várias das funções que historicamente foram consideradas específicas do ministério ordenado não estão necessariamente ligadas ao ministério ordenado, ainda que se coadunem a ele; não oferece outra alternativa a não ser reduzir ao mínimo o recurso aos leigos e leigas para situações em que os ministros ordenados não conseguem desempenhar todas as suas tarefas na comunidade sob sua responsabilidade pastoral.

---

[26] CNBB, *Missão e ministérios dos cristãos leigos e leigas*, Paulinas, São Paulo, 1999, 89. [Documento 62 da CNBB].

Capítulo XIII

CNBB:
missão e ministérios dos cristãos leigos e leigas

O anteprojeto deste documento foi debatido na XXXVII Assembleia Geral da CNBB, em 1998, que, depois de propor várias mudanças – algumas substanciais – decidiu que o texto, uma vez refeito, fosse encaminhado às dioceses, paróquias, comunidades, associações, instituições e movimentos, para uma ampla reflexão e encaminhamento de sugestões. Depois desta ampla consulta, fez-se nova redação, levando em conta tudo o que, vindo das 'bases', pudesse ser integrado. Essa nova redação foi submetida à XXXVIII Assembleia Geral da CNBB, que, depois de séria análise e elevado debate, foi, com várias modificações, aprovada no dia 22 de abril de 1999.

A apresentação do documento tem o significativo título de "extraordinário florescimento". De fato, os bispos constatam que, na realidade brasileira, nos anos recentes, houve "um extraordinário florescimento de novos ministérios a serviço das comunidades eclesiais, de novos movimentos animados por um ideal de evangelização da sociedade e de renovação da espiritualidade cristã, de novas formas de atuação laical no campo da política, da promoção dos direitos humanos e da solidariedade com pobres, excluídos e sofredores". Neste universo extremamente variado, os bispos percebiam, porém, algumas situações que estavam a exigir maior reflexão e discernimento responsável. Além da ação dos leigos e leigas na Igreja e na sociedade, levantavam uma série de tensões e questionamentos, "a novidade e variedade das novas formas de apostolado levaram a um grande dinamismo apostólico, mas também – em alguns casos – a tendências menos felizes, que tinham dificuldade de conviver e cooperar na desejável comunhão eclesial". O leque de situações a preocupar os pastores mostrava-se amplo: "Certos grupos pareciam respeitar pouco a autonomia do compromisso cristão nas realidades temporais. Outros pareciam clericalizar a prática dos ministérios laicais, até confundi-los, às vezes, indevidamente, com os ministérios ordenados. Outros ainda queixavam-se do escasso apoio das comunidades eclesiais aos leigos empenhados no campo social, político e cultural. Outros, ao contrário, queixavam-se do escasso empenho dos leigos católicos na transformação da sociedade. Outros, por fim, pediam mais formação doutrinal e orientação cristã para os leigos empenhados num ambiente secularizado".

Em relação ao tema dos ministérios, que aqui nos interessa, a reflexão começa por uma apresentação da Igreja em perspectiva trinitária,[27] como mistério de comunhão[28] e povo de Deus.[29] Convocado e formado por Deus, o povo de Deus é livre e fraterno,[30] que abre caminho para o serviço[31] no amor e na esperança.[32] Em sintonia com a *Lumen gentium*, atribui-se valor primário à condição cristã comum a todos os membros da Igreja:[33] "A noção de povo de Deus, com efeito, exprime a profunda unidade, a comum dignidade e a fundamental habilitação de todos os membros da Igreja à participação na vida da Igreja e à corresponsabilidade na missão".[34] Faz parte desta condição comum – dada pela fé, esperança e caridade e pelos sacramentos da iniciação[35] – a participação do conjunto do povo e de cada um nas funções profética,[36] sacerdotal[37] e real[38] de Cristo. Neste contexto da função real, insiste-se na missão da

---

[27] Ibid. 63.
[28] Ibid. 64.
[29] Ibid. 65-78.
[30] Ibid. 66.
[31] Ibid. 67.
[32] Ibid. 68.
[33] Ibid. 69.
[34] Ibid. 70.
[35] Ibid. 71.
[36] Ibid. 72.
[37] Ibid. 73.
[38] Ibid. 74.

Igreja, que consiste no testemunho do Reino de Deus, que consistiu no centro da missão histórica de Jesus.[39] Apresentando a Igreja como povo de Deus, a *Lumen gentium* ressalta que "a missão da Igreja não é responsabilidade de alguns, mas de todos",[40] e que a unidade da Igreja não só não se opõe à pluralidade (dos carismas, das funções, das Igrejas particulares, das tradições, das culturas), mas a exige.[41]

Colocado este contexto eclesiológico, o documento entra, mais explicitamente, na questão da variedade de carismas, serviços e ministérios, "que o Senhor reparte entre os fiéis em vista da vida e da missão da Igreja". A comum incorporação a Cristo e à Igreja "é constantemente enriquecida por inesgotável pluralidade de carismas, serviços e ministérios", como ensina a *Lumen gentium*, particularmente no n. 12 b, quando ensina que, por meio dos carismas, o Espírito Santo torna os fiéis "aptos e prontos a tomarem sobre si os vários trabalhos e ofícios", como diz o Apóstolo: "A cada um é dada a manifestação do Espírito para utilidade comum" (1Cor 12,7).[42] Por isso, a Igreja, "atenta às indicações do Espírito Santo, em função de suas necessidades internas e dos desafios da missão, vai se estruturando e organizando", como atesta a Escritura: "O Novo Testamento nos mostra este processo em curso. Ele não oferece um modelo único do modo de se estruturar a Igreja. Mostra, isso sim, diversos exemplos, respondendo às demandas dos diferentes contextos históricos e culturais. Também encontramos no Novo Testamento informações referentes a épocas distintas. Estes testemunhos são diversificados: nenhum deles pode ser considerado exclusivo e excludente dos demais". Dessa consideração, os bispos tiram uma conclusão teológico--pastoral decisiva: "Por isso, a Igreja, fiel a Cristo e guiada pelo Espírito Santo, não deveria ter medo de aceitar e criar novos modelos, satisfazendo assim às exigências de sua vida e missão nos diversificados contextos em que atua".[43] E argumentam: "Dois elementos inter-relacionados estão subjacentes a todo este processo: a atuação do Espírito Santo

---

[39] Ibid. 74.
[40] Ibid. 77.
[41] Ibid. 78.
[42] Ibid. 79.
[43] Ibid. 80.

na comunidade dos fiéis (= dimensão do dom transcendente) e a busca humana das melhores soluções (= dimensão do empenho humano)", como se vê, no processo paradigmático descrito em At 6,1-6.[44]

Depois de mostrar, com base nos textos bastante conhecidos de 1Cor 12,4-11.28-30; Rm 12,4-8; Ef 4,10-13; 1Pd 4,10; 2Tm 1,6, a íntima relação entre carisma e serviço/ministério,[45] os bispos compartilham a descrição geralmente aceita de ministério entre teólogos e pastoralistas: ministério é "o carisma que assume a forma de serviço à comunidade e à sua missão no mundo e na Igreja e que, por esta, é como tal acolhido e reconhecido".[46] Sendo assim, nem todo carisma é ministério, mas todo ministério é carisma, mais precisamente "só pode ser considerado ministério o carisma que, na comunidade e em vista da missão na Igreja e no mundo, assume a forma de serviço bem determinado, envolvendo um conjunto mais ou menos amplo de funções, que responda a exigências permanentes da comunidade e da missão, assumido com estabilidade, comporte verdadeira responsabilidade e seja acolhido e reconhecido pela comunidade eclesial".[47] A recepção ou reconhecimento pela Igreja é essencial ao ministério porque o ministério é "uma atuação pública e oficial da Igreja, tornando seu portador, num nível maior ou menor, seu representante".[48]

Os bispos classificam os ministérios em simplesmente "reconhecidos", "quando ligados a um serviço significativo para a comunidade, mas considerado não tão permanente, podendo vir a desaparecer, quando variarem as circunstâncias"; "confiados", quando "conferidos ao seu portador por algum gesto litúrgico simples ou alguma forma canônica"; "instituídos", quando a função é "conferida pela Igreja através de um rito litúrgico chamado 'instituição'"; "ordenados" ou "apostólicos" ou "pastorais", quando "o carisma é ao mesmo tempo reconhecido e conferido ao seu portador através de um sacramento específico, o sacramento da ordem, 'que visa constituir os ministros da unidade

---

[44] Ibid. 82.
[45] Ibid. 82.
[46] Ibid. 84.
[47] Ibid. 85.
[48] Ibid. 86.

da Igreja na fé e na caridade, de modo que a Igreja se mantenha na tradição dos Apóstolos e, através deles, fiel a Jesus, ao seu Evangelho e à sua missão'. O ministério ordenado, prosseguem os bispos, 'não detém o monopólio da ministerialidade da Igreja'. Não é, pode-se dizer, a 'síntese dos ministérios', mas o 'ministério da síntese'. Seu carisma específico é o da presidência da comunidade e, portanto, da animação, coordenação e – com a indispensável participação ativa e adulta de toda a comunidade – do discernimento final dos carismas".[49]

A partir daí, o documento valoriza a prática de algumas dioceses que criaram ministérios não ordenados próprios e os conferem através de um rito de "instituição";[50] faz uma rápida consideração dos ministérios ditos de "suplência";[51] matiza a distinção entre ministérios *ad intra* e ministérios *ad extra*, observando que uns e outros "são sempre ministérios na Igreja e para a Igreja, mas sempre Igreja sacramento de salvação e libertação do homem todo e de todos os homens na única história da salvação";[52] mostra que os ministérios não se limitam a determinadas áreas da missão da Igreja, mas estão presentes "tanto na função profética, quanto na função sacerdotal, quanto na função real";[53] esclarece a distinção entre "serviços" e "ministérios"[54] e, finalmente, lembram que, ao assumirem ministérios reconhecidos ou confiados ou instituídos, "os cristãos leigos permanecem leigos e, por isso, devem vivê-los e exercê-los na plena consciência de sua condição laical, que os coloca não só em relação característica com Cristo e com a Igreja, mas, de maneira toda particular, em relação com o mundo".[55]

---

[49] Ibid. 87.
[50] Ibid. 88.
[51] Ibid. 89.
[52] Ibid. 90.
[53] Ibid. 91.
[54] Ibid. 92.
[55] Ibid. 92.

Capítulo XIV

Aparecida: ministérios dos discípulos missionários leigos e leigas

A atitude de Aparecida (2007) diante dos ministérios exercidos por leigos e leigas na Igreja e no mundo brota do espírito e da letra do Concílio, que a América Latina recebeu de coração aberto, alegre e agradecido, como o testemunham as Conferências Gerais de Medellín, Puebla e Santo Domingo.

Não se encontra, em todo o Documento, nenhuma palavra de censura, crítica ou reprovação em relação a uma experiência que deu seus primeiros passos ainda na década de 1950 e, hoje, se estende, vigorosa e marcante, por todo o continente.

Além dos bispos, presbíteros e diáconos, muitas de nossas Igrejas "contam também com ministérios confiados aos leigos, e outros serviços pastorais, como ministros da Palavra, animadores de assembleia e de pequenas comunidades, entre elas as comunidades eclesiais de base, os movimentos eclesiais e um grande número de pastorais específicas".[1]

O fundamento teológico para esta realidade consolidada e promissora está, como se sabe, em muitos textos do Novo Testamento, mas Aparecida a encontra, sobretudo, na carta magna dos carismas e ministérios, que é a Primeira Carta do Apóstolo Paulo aos Coríntios: "A diversidade de carismas, ministérios e serviços abre o horizonte para o exercício cotidiano da comunhão através da qual os dons do Espírito são colocados à disposição dos demais para que circule a caridade (cf. 1Cor 12,4-12). De fato, cada batizado é portador de dons que deve desenvolver em unidade e complementaridade com os dons dos outros, a fim

---

[1] *DAp* 99 c.

de formar o único Corpo de Cristo, entregue para a vida do mundo".[2] Em Cristo e na Igreja, com efeito, todos têm a mesma dignidade e todos recebem do Espírito algum dom para o serviço da Igreja e do Reino: "A condição do discípulo brota de Jesus Cristo como de sua fonte, pela fé e pelo batismo, e cresce na Igreja, comunidade onde todos os seus membros adquirem igual dignidade e participam de diversos ministérios e carismas. Desse modo, realiza-se na Igreja a forma própria e específica de viver a santidade batismal a serviço do Reino de Deus".[3]

A novidade da América Latina – hoje, constatável também em muitas outras áreas da Igreja – foi a corajosa passagem da teoria à prática: "O reconhecimento prático da unidade orgânica e da diversidade de funções assegurará maior vitalidade missionária e será sinal e instrumento de reconciliação e paz para nossos povos. Cada comunidade é chamada a descobrir e integrar os talentos escondidos e silenciosos que o Espírito presenteia aos fiéis".[4]

No Vaticano II, nossos bispos aprenderam a valorizar as Igrejas locais ou particulares, "formadas à imagem da Igreja universal, nas quais e pelas quais existe a Igreja Católica una e única" (LG 23 a). E têm consciência de que cabe a cada bispo, em virtude do sacramento da ordem (cf. LG 21), assumir em primeira pessoa e como responsabilidade própria a presidência da Igreja a ele confiada.

Em comunhão com toda a Igreja, os bispos, como pastores e guias espirituais das comunidades a eles encomendadas, são "chamados a fazer da Igreja uma casa e escola de comunhão",[5] uma vez que a Diocese, presidida pelo bispo, "é o primeiro espaço da comunhão e da missão".[6]

A presença dos novos ministérios nas Igrejas da América Latina é tão evidente que os bispos, ao falarem de seu ministério de comunhão, pensam imediatamente nos novos serviços e ministérios: "Como ani-

---

[2] *DAp* 162.
[3] *DAp* 184.
[4] Ibid.
[5] *DAp* 188.
[6] *DAp* 169.

madores da comunhão, [os bispos têm] a missão de acolher, discernir e animar carismas, ministérios e serviços na Igreja".[7]

Expressão dessa comunhão a serviço da missão e, portanto, da vida, no contexto em que a Igreja local está colocada, é "uma ação pastoral orgânica renovada e vigorosa, de maneira que a variedade de carismas, ministérios, serviços e organizações se oriente no mesmo projeto missionário para comunicar vida no próprio território".[8] Tal projeto não sai pronto da cabeça do bispo ou de alguma outra instância, mas se constrói com a participação de todas as forças vivas presentes na Igreja particular: "Esse projeto, que surge de um caminho de variada participação, torna possível a pastoral orgânica, capaz de dar resposta aos novos desafios. Porque um projeto só é eficiente se cada comunidade cristã, cada paróquia, cada comunidade educativa, cada comunidade de vida consagrada, cada associação ou movimento e cada pequena comunidade se inserem ativamente na pastoral orgânica de cada diocese. Cada uma é chamada a evangelizar de modo harmônico e integrado no projeto pastoral da Diocese".[9]

Nesse contexto, ocupam um lugar de destaque as paróquias, que Aparecida descreve como células vivas da Igreja, lugar privilegiado no qual a maioria dos fiéis faz uma experiência concreta de Cristo e da comunhão eclesial, chamadas a serem casas e escolas de comunhão. Pois bem. Aparecida quer que as paróquias se renovem e conduzam uma ação renovadora, o que inclui a presença e a atuação dos novos ministérios: "Um dos maiores desejos que se têm expressado nas Igrejas da América Latina e do Caribe, motivando a preparação da V Conferência Geral, é o de uma valente ação renovadora das Paróquias, a fim de que

---

[7] *DAp* 188. Reproduzo na íntegra o belo texto: "Os bispos, como pastores e guias espirituais das comunidades a nós encomendadas, somos chamados a 'fazer da Igreja uma casa e escola de comunhão'. Como animadores da comunhão, temos a missão de acolher, discernir e animar carismas, ministérios e serviços na Igreja. Como pais e centro de unidade, esforçamo-nos por apresentar ao mundo o rosto de uma Igreja na qual todos se sintam acolhidos como em sua própria casa. Para todo o Povo de Deus, em especial para os presbíteros, procuramos ser pais, amigos e irmãos, sempre abertos ao diálogo".

[8] *DAp* 169.

[9] *DAp* 169.

sejam de verdade espaços da iniciação cristã, da educação e celebração da fé, abertas à diversidade de carismas, serviços e ministérios, organizadas de modo comunitário e responsável, integradoras de movimentos de apostolado já existentes, atentas à diversidade cultural de seus habitantes, abertas aos projetos pastorais e supraparoquiais e às realidades circundantes".[10]

As comunidades eclesiais de base recebem um claro reconhecimento e um estímulo vigoroso em Aparecida. Ora, no retrato que faz delas, o Documento chama atenção para o fato de que elas são uma das matrizes dos novos serviços e ministérios: "As comunidades eclesiais de base, no seguimento missionário de Jesus, têm a Palavra de Deus como fonte de sua espiritualidade e a orientação de seus pastores como guia que assegura a comunhão eclesial. Demonstram seu compromisso evangelizador e missionário entre os mais simples e afastados, e são expressão visível da opção preferencial pelos pobres. São fonte e semente de variados serviços e ministérios a favor da vida na sociedade e na Igreja".[11]

Aparecida sabe, pela própria experiência pastoral da Igreja do Continente, que os leigos e leigas não só são necessários na ação evangelizadora e pastoral, mas que são corresponsáveis na formação de outros discípulos missionários: "Não basta a entrega generosa do sacerdote e das comunidades de religiosos. Requer-se que todos os leigos se sintam corresponsáveis na formação dos discípulos e na missão". Isto supõe, chama atenção o Documento, que os párocos – uma vez que uma grandíssima parte da vida eclesial passa pelas paróquias – "sejam promotores e animadores da diversidade missionária [...]. Uma paróquia renovada multiplica as pessoas que realizam serviços e acrescenta os ministérios. Igualmente, nesse campo, requer-se imaginação para encontrar resposta aos muitos e sempre mutáveis desafios que a realidade apresenta, exigindo novos serviços e ministérios. A integração de todos eles na unidade de um único projeto evangelizador é essencial para assegurar uma comunhão missionária".[12]

---

[10] *DAp* 170.
[11] *DAp* 179.
[12] *DAp* 202.

Os pastores ocupam um lugar decisivo na instituição eclesial, podendo tanto dinamizá-la quanto dinamitá-la, dependendo de vários fatores, mas, sobretudo, da atitude pessoal e institucional que tomam diante da participação e colaboração dos leigos e leigas na ação evangelizadora e pastoral. Por isso, descrevendo a atitude ideal dos pastores, o Documento de Aparecida diz o que a Igreja da América Latina e do Caribe espera dos bispos e dos presbíteros neste campo: "Estes estarão dispostos a abrir para eles espaços de participação e confiar-lhes ministérios e responsabilidades em uma Igreja onde todos vivam de maneira responsável seu compromisso cristão".[13] E, como que para suprir – se viessem a faltar – a abertura, o apoio e o reconhecimento de algum pastor, seja ele presbítero ou bispo, os representantes de todos os bispos da América Latina e do Caribe, dirigindo-se aos mais representativos dos ministros e ministras leigos, enaltecem e confirmam sua obra inestimável: "Aos catequistas, ministros da Palavra e animadores de comunidades que cumprem magnífica tarefa dentro da Igreja, os reconhecemos e animamos a continuarem o compromisso que adquiriram no batismo e na confirmação".[14]

Três questões, segundo a V Conferência, estão a solicitar especial atenção dos pastores em relação aos ministérios dos leigos e leigas: a formação, a presença da mulher e a pastoral urbana.

Em relação à formação dos leigos e leigas que "cumprem sua responsabilidade evangelizadora colaborando na formação de comunidades cristãs e na construção do Reino de Deus no mundo", vale o princípio colocado no início e no final do n. 282, respectivamente: "Cada setor do Povo de Deus pede que a pessoa seja acompanhada e formada de acordo com a peculiar vocação e ministério para o qual tenha sido chamada"; "requer-se, portanto, capacitar aqueles que possam acompanhar espiritual e pastoralmente a outros".[15]

Sobre a presença da mulher – cuja atuação, em matéria de ministérios leigos, é majoritária –, os bispos pedem que se garanta "a efetiva presença da mulher nos ministérios que na Igreja são confiados aos lei-

---

[13] DAp 211.
[14] DAp 211.
[15] DAp 282.

gos, como também nas instâncias de planejamento e decisão pastorais, valorizando sua contribuição".[16]

"Novos ministérios" são importantes também para a pastoral urbana: "A Igreja, em seu início, se formou nas grandes cidades de seu tempo e se serviu delas para se propagar. Por isso, podemos realizar com alegria e coragem a evangelização da cidade atual. Diante da nova realidade da cidade, novas experiências se realizam na Igreja, tais como a renovação das paróquias, setorização, novos ministérios, novas associações, grupos, comunidades e movimentos. Mas se percebem atitudes de medo em relação à pastoral urbana; tendências a se fechar nos métodos antigos e a tomar atitude de defesa diante da nova cultura, com sentimentos de impotência diante das grandes dificuldades das cidades".[17]

---

[16] *DAp* 512 b.
[17] *DAp* 513.

Capítulo XV

Balanço e perspectivas

Um rápido balanço

Parece bastante claro que a eclesiologia e, em seu interior, a teologia dos ministérios do Concílio Vaticano II foram determinantes para o surgimento dos ministérios não ordenados na Igreja do final do século XX.

O *motu proprio Ministeria quaedam* (1972), do Papa Paulo VI, por sua vez, deu moldura e suporte canônico para que as perspectivas abertas pelo Concílio na matéria e que já começavam a exprimir-se, de forma mais ou menos espontânea, em diversas Igrejas locais, pudessem tomar, sem demora, uma fisionomia institucional mais bem definida. Na verdade, a transformação das ordens menores em ministérios, a recriação dos ministérios de leitor e acólito, a possibilidade de esses ministérios virem a ser assumidos estavelmente por leigos que permanecem tais e a abertura para a criação de outros ministérios que fossem necessários ou úteis nas diversas regiões, tudo isso abriu as portas para uma serena emergência de novos ministérios em muitas áreas da Igreja, mas, sobretudo, na América Latina, particularmente, no Brasil.

Apenas três anos depois, a exortação apostólica *Evangelii nuntiandi* (1975), do mesmo Papa Paulo VI – fazendo eco a um coro de vozes sobre "novos ministérios" que se levantavam de todos os cantos e encontraram um fórum privilegiado no Sínodo Universal sobre a Evangelização no Mundo Contemporâneo (1974) – já podia celebrar a presença de "ministérios diversificados" na Igreja: "Tais ministérios, novos na aparência, mas muito ligados a experiências vividas pela Igreja ao longo da sua existência, por exemplo, os de catequistas, de animadores da oração e do canto, de cristãos devotados ao serviço da Palavra de Deus ou à assistência aos irmãos em necessidade, ou ainda os de chefes de pequenas comunidades, de responsáveis por movimentos apostólicos, ou outros responsáveis, são preciosos para a implantação, para a vida e para o crescimento da Igreja e para a sua capacidade de irradiar a própria mensagem à sua volta e para aqueles que estão distantes".[1] *Evangelii nuntiandi*, ademais, ressaltava três elementos na caracterização desses ministérios exercidos por leigos: supõem uma vocação subjetiva ("sentir-se chamados") e/ou objetiva ("vir a ser chamados"); fundam-se na graça e nos carismas; são formas de colaboração com os pastores no serviço da comunidade eclesial, e visam ao crescimento e à vida da mesma.[2]

A alegria expressa por Paulo VI diante da "abertura para ministérios eclesiais suscetíveis de rejuvenescer e de reforçar o seu próprio dinamismo evangelizador"[3] é a mesma que atravessa o relato de tantos bispos reunidos em Puebla para a III Conferência Geral do Episcopado Latino-Americano (1979). Os bispos latino-americanos, entretanto, acrescentam três elementos preciosos ao aprofundamento do processo em termos teóricos e práticos: definem o que é ministério não ordenado, descrevem suas características e alertam para alguns riscos que devem ser evitados.[4]

Salvo melhor juízo, o clima começa a mudar, em termos eclesiológicos gerais, com o Sínodo Extraordinário do XX Aniversário da Conclusão do Vaticano II, em 1985, e, especificamente, no tocante aos ministérios não ordenados, com o Sínodo sobre a vocação e a missão dos leigos na Igreja e no mundo, de 1987, que, diante das várias tendências que a reflexão teológica sobre os leigos tinha desenvolvido nas duas décadas posteriores ao Concílio, fez um discurso teológico que não contribuiu nem para o aprofundamento do processo nem para um adequado discernimento de situações eventualmente problemáticas.

---

[1] *Evangelii nuntiandi* 73,6.

[2] "Os leigos podem também sentir-se chamados ou vir a ser chamados para colaborar com os próprios Pastores ao serviço da comunidade eclesial, para o crescimento e a vida da mesma, pelo exercício dos ministérios muito diversificados, segundo a graça e os carismas que o Senhor houver por bem depositar neles" (EN 73,1).

[3] *Evangelii nuntiandi* 73,2.

[4] *Puebla* 801-805.

Com efeito, no tocante aos ministérios não ordenados, o discurso de *Christifideles laici* é, para dizer o mínimo, teologicamente ambíguo e pastoralmente burocrático, contido, acautelador. Argumenta-se mais com a exceção do que com a regra, mais com o direito do que com a teologia: "E, quando a necessidade ou a utilidade da Igreja o pedir, os pastores podem, segundo as normas estabelecidas pelo direito universal, confiar aos fiéis leigos certos ofícios e certas funções que, embora ligadas ao seu próprio ministério de pastores, não exigem, contudo, o caráter da Ordem. O Código de Direito Canônico escreve: 'Onde as necessidades da Igreja o aconselharem, por falta de ministros, os leigos, mesmo que não sejam leitores ou acólitos, podem suprir alguns ofícios, como os de exercer o ministério da palavra, presidir às orações litúrgicas, conferir o batismo e distribuir a Sagrada Comunhão, segundo as prescrições do direito'".[5] Ao sintético "vivo apreço pelo notável contributo apostólico dos leigos",[6] apõem-se poucos, linhas abaixo, "pareceres críticos" mais circunstanciados sobre "o uso indiscriminado do termo 'ministério', a confusão e o nivelamento entre sacerdócio comum e sacerdócio ministerial, a pouca observância de leis e normas eclesiásticas, a interpretação arbitrária do conceito de 'suplência', certa tolerância por parte da própria autoridade legítima, a 'clericalização' dos fiéis leigos e o risco de criar de fato uma estrutura eclesial de serviço paralela à fundada no sacramento da ordem".[7] Diante do perigo, todo cuidado é pouco: *Christifideles laici* pede clareza teológica "até na própria terminologia" (quanto à "*unidade de missão* da Igreja" e à "*diversidade* substancial do ministério dos pastores, radicado no sacramento da ordem, em relação com os outros ofícios e as outras funções eclesiais, radicados nos sacramentos do batismo e da confirmação") e mais racionalidade na "programação pastoral"![8]

Na verdade, *Christifideles laici* 23 contém, *in nuce*, o programa que será desenvolvido pela instrução *De Ecclesiae Mysterio* sobre alguns aspectos da colaboração dos fiéis leigos no sagrado ministério dos

---

[5] Cân. 230, § 3.
[6] *Christifideles laici* 23,4.
[7] Ibid. 23,6.
[8] Ibid. 7.8.

sacerdotes, aprovada no dia 15 de agosto de 1997, jubileu de prata do *motu proprio Ministeria quaedam*. A problemática é a mesma; a teologia, idêntica; só o apelo ao direito canônico, mais abundante. Com efeito, a instrução, como já vimos, detalha os perigos e abusos a que alude *Christifideles laici* 23, e, em relação a cada um, explicita a norma canônica.

Que tenham passado dez anos entre a publicação de *Christifideles laici* (1987) e a edição da instrução *De Ecclesiae Mysterio* (1997), continua um mistério. Teria Roma investigado mais de perto os perigos e os eventuais abusos apontados por alguns no Sínodo de 1987? As Igrejas particulares não teriam dado conta de respeitar e fazer respeitar os "princípios teológicos atrás recordados, em particular a diversidade essencial entre o sacerdócio ministerial e o sacerdócio comum e, consequentemente, a diversidade entre os ministérios derivados do sacramento da ordem e os ministérios derivados dos sacramentos do batismo e da confirmação"? A tarefa da comissão encarregada de "estudar de modo aprofundado os diversos problemas teológicos, litúrgicos, jurídicos e pastorais levantados pelo atual grande florescimento de ministérios confiados aos fiéis leigos" mostrou-se por demais complexa?[9]

---

[9] Alguns criticam a quase nula informação sobre a composição, a agenda e os resultados dos trabalhos da Comissão. A Instrução diz que "em nossos Dicastérios realizou-se um trabalho de reflexão, reuniu-se um Simpósio, no qual participaram representantes dos Episcopados mormente interessados pelo problema e, enfim, fez-se uma ampla consulta a numerosos Presidentes de Conferências dos Bispos e a outros Prelados, bem como a peritos de diversas disciplinas eclesiásticas e áreas geográficas" (Premissa). Sabe-se que o Simpósio aconteceu em 1994, pois a Instrução cita o discurso que João Paulo II lhe dirigiu (cf. *Osservatore Romano* de 23/4 e de 24/5/1994). Sesboüé comenta: "Pelo que eu saiba, este Simpósio não publicou nenhum texto. Tudo leva a pensar que ele se manteve rodeado de uma grande confidencialidade. Nós não sabemos nem sequer quem dele participou. Além disso, já se vão três anos. Ele é, portanto, relativamente velho. Tanta discrição não facilita. Quanto à consulta [...], ela parece não ter incluído Lehmann, à época presidente da Conferência Episcopal Alemã. Ora, circulam vozes [...] de que os lugares visados pela Instrução, devido a abusos, seriam a Suíça alemã, a Alemanha e a Áustria. A surpresa manifestada por Lehmann diante do tom do documento, que ele acusa de ser suspeitoso, é o sinal de que ele não foi consultado. Ele mesmo julga que 'é preciso ter em conta a opinião pública' na publicação dos documentos, o que uma boa consulta teria permitido fazer [...]. Se uma consulta geral e precisa

Fato é que a instrução causou grande comoção, algum desconcerto e muito sofrimento entre os leigos e leigas concernidos por ela;[10] dioceses e pessoas presumivelmente visados por ela declararam não se encontrar no dossiê apresentado;[11] vários bispos criticaram seu caráter reticente, rígido e suspeitoso;[12] outros, como os alemães, disseram que estariam atentos;[13] muitas instâncias optaram pelo silêncio; de qualquer maneira, quinze anos depois, parece que a instrução caiu no esquecimento geral.[14]

Por que, então, exumar o cadáver três lustros depois? Fundamentalmente, por três razões:

Primeiro, porque as reações supramencionadas "mostram a gravidade do problema apresentado entre a Cúria Romana, que quis dar a seu documento a autoridade de oito dicastérios, e o conjunto do corpo episcopal, que se sente julgado, quando é justamente ele que, *in loco*, enfrenta, nesta matéria, o peso do dia e do calor".[15]

---

tivesse acontecido, se saberia. Ela teria dado lugar a debates úteis. Aqui, de novo, percebe-se um sinal de medo: a Cúria não procura entabular um verdadeiro debate sobre este ponto com os bispos que poderiam emitir opiniões divergentes" (B. SESBOÜÉ, *Rome et les laïcs*, cit., p. 103).

[10] Cf. B. SESBOÜÉ, *Rome et les laïcs*, cit., p. 7; "De um ponto de vista jurídico, não precisa superestimar sua importância, pois se trata de uma simples 'instrução', que não tem nem o valor de uma encíclica, nem de um decreto pontifício ou mesmo de um diretório. Ela não visa senão recordar certos pontos de doutrina e de disciplina canônica. Seu alcance simbólico nem por isso foi menos importante. Ao longo das entrevistas, esta Instrução foi também evocada espontaneamente pelos leigos para manifestar o quanto eles se sentiram ofendidos por algumas das observações aí feitas. A perspectiva do documento é a de uma 'lógica de competição', de concorrência entre os diferentes agentes da Igreja (B. SESBOÜÉ, *Rome et les laïcs*, cit., p. 97). O lugar dos leigos empenhados na pastoral é apresentado aí de maneira muito restritiva, ou mesmo restritiva" (C. BÉRAUD, *Prêtres, diacres, laïcs*, cit., pp. 84ss.).

[11] Cf. B. SESBOÜÉ, *Rome et les laïcs*, cit., p. 8.

[12] Cf. ibid., p. 63.

[13] Cf. ibid., p. 8.

[14] Cf. ibid., pp. 7.8.63.

[15] Ibid., p. 8.

Segundo, porque a instrução, enfocando as várias modalidades de "colaboração dos leigos no ministério dos sacerdotes" em termos de suplência, trabalha como se estivéssemos numa situação excepcional, portanto, eventual e passageira, quando, segundo análises mais abrangentes e profundas, nada indica que o quadro atual de crescente falta de sacerdotes vá mudar num futuro previsível.

Terceiro, porque da situação atual podemos tirar indicações preciosas e promissoras para a questão dos ministérios na Igreja Católica.

Uma proposta para fazer pensar

"Quando o Espírito de Deus soprou"

Nossa atitude de fundo – espírito e corpo, mente e coração – diante dos novos ministérios deve ser acolhedora e auspiciosa. Os novos ministérios são um dom do Alto, novas florações do Espírito em Igrejas, comunidades e pessoas que, em sua pobreza ou em situação de diáspora, têm dado o melhor de si, a partir de seus dons e carismas, para a causa de Jesus, do Evangelho e do povo. Essas novas modalidades de serviço eclesial não surgiram, como razão principal, porque faltavam presbíteros para atender assiduamente às comunidades e a outras frentes de trabalho evangelizador e pastoral – aqui, no Brasil, padres sempre faltaram – mas porque o Espírito soprou, forte e suave, como em novo Pentecostes, contagiando a tudo e a todos, e uma nova visão de Igreja, um renovado ideal de missão, um projeto pastoral cativante se impuseram, a partir de dentro, e envolveram centenas de milhares de pessoas em todos os rincões de nossa Igreja, no Brasil, na América Latina e alhures.

"Envia teu Espírito, Senhor!"

Nestes tempos sombrios em que vivemos, quando, seja na Igreja seja na sociedade, escasseiam visões e sobram ilusões,[16] é necessário e

---

[16] Como nos tempos de Samuel, quando "a palavra do Senhor era rara [naqueles dias], as visões não eram frequentes" (1Sm 3,1). Soa atual a palavra de Congar, relatando o impacto que lhe causou Dom Helder Camara, a primeira vez que o

urgente buscar, no Espírito Santo – com a participação do maior número de pessoas, da Igreja e da sociedade civil – a visão mais envolvente, sólida e adequada para orientar e motivar a ação da Igreja, pensando globalmente, agindo localmente, e articulando, em fecunda dialética, o local, o regional e o global, o velho e o novo. Essa perspectiva ao mesmo tempo realista e utópica – o mais fiel possível ao projeto de Jesus e às grandes intuições do Vaticano II, de Medellín, de Puebla, de Santo Domingo, de Aparecida – deve ser muito clara e estar muito presente, na cabeça, no coração e nas mãos, quando se abordam os ministérios. Ministério não é burocracia; ministro não é funcionário. Ministério não é acidente; em sua razão de serviço, toca o coração do Evangelho: "O Filho do Homem não veio para ser servido, mas para servir e dar a sua vida para a salvação de todos" (cf. Mc 10,45; Mt 20,28) Ministério não é apanágio de alguns, mas dom dado a todos – "a cada um é dada uma manifestação do Espírito para utilidade comum" (1Cor 12,7) – para que todos tenham vida e vida em plenitude (Jo 10,10).

O Vaticano II, no terreno teológica e institucionalmente delicado dos ministérios, alargando os horizontes e lançando as bases teológico-pastorais de um profundo *aggiornamento* – graças a um retorno às fontes bíblicas e patrísticas e ao esforço de dar nova expressão, em tempos modernos, à substância do depósito da fé, como queria João XXIII –, propiciou significativa renovação: afirmou a sacramentalidade e a colegialidade do episcopado, resgatou os laços que unem os presbíteros com o povo, entre si e com a missão, restaurou o diaconato permanente, fundou a possibilidade de ministérios não ordenados. Numa Igreja em transformação, contudo, os desafios não param e as necessidades não esperam, solicitando sempre novas e, por vezes, arrojadas respostas. A teologia dos ministérios, como se sabe, deu passos de gigante, sobretudo nas décadas de 1970 e 1980, aprofundando as questões, dando novo e envolvente respiro à Igreja e seus ministros, oferecendo alternativas, mas suas vozes não foram suficientemente ouvidas e capitalizadas. Ao lado de tomadas de posição verdadeiramente proféticas,

---

encontrou: "Dom Helder mesmo: um homem não somente muito aberto, mas cheio de ideias, de imaginação e de entusiasmo. Ele tem aquilo que falta em Roma: a 'visão'" (cf. J. DE BROUCKER, *Les nuits d'un prophète, Dom Helder Camara à Vatican II*, Cerf, Paris, 2005, p. 23).

como *Ministeria quaedam*, *Evangelii nuntiandi* 73, *Puebla* 804-817, *Santo Domingo* 101 e *Aparecida* (99, 162,169, 170, 179, 184, 188, 202, 211, 458, 513), o magistério produziu alguns textos pouco inspirados e nada inspiradores, como *Christifideles laici* 21, 23 e 24, e *De Ecclesiae Mysterio*, especialmente em suas "disposições práticas". É hora de sair do impasse para poder avançar na área dos ministérios não ordenados, e além deles.

Os ministérios não ordenados são verdadeiros ministérios

Com Congar e os que, na década de 1970 e 1980, acolheram e desenvolveram uma reflexão nova sobre o laicato e os ministérios, e sobre suas mútuas relações – em termos de magistério, penso, por exemplo, no episcopado francês, na *Evangelii nuntiandi*, em Puebla, Santo Domingo, Aparecida – deve-se reconhecer que os ministérios não ordenados são verdadeiros e próprios ministérios; que esses ministérios se fundam nos sacramentos do batismo, da confirmação e da Eucaristia (condição cristã comum), nos vários carismas, dados pelo Espírito para utilidade comum, que não exijam, para sua comunicação, o sacramento da ordem (carismas, pois, que, na falta de termo melhor, alguns chamam de "livres"), e em alguma forma de recepção eclesial (desde o simples reconhecimento, passando por alguma forma mais ou menos formalizada de conferição, até a instituição litúrgica). Trata-se de uma fundação ao mesmo tempo sacramental (sacramentos da iniciação), carismática (carismas que não exijam o sacramento da ordem) e eclesial-institucional (o reconhecimento, por quem de direito, pela Igreja). Portanto, os sacramentos da iniciação são o fundamento radical dos ministérios não ordenados; determinados carismas do Espírito, seu fundamento específico; o reconhecimento pela *Ecclesia*, o fundamento próximo.[17]

---

[17] Cf. H.-M. LEGRAND, Ministerios em la Iglesia local, em: B. LAURET; F. REFOULÉ (eds.), *Iniciación a la práctica de la teología, Dogmática 2*, Cristiandad, Madrid, 1985, pp. 138-319.

A subsidiariedade é tão importante na sociedade quanto na Igreja

A dinâmica eclesial ensejou o surgimento de ministérios não ordenados nas Igrejas locais, especialmente na América Latina, desbordando a forma inicialmente prevista por Paulo VI: "Nada impede que as Conferências Episcopais peçam à Santa Sé a instituição de outros que, por razões particulares, acreditem necessários ou muito úteis na própria região". A aparente ruptura disciplinar, que Roma, à época, sapientemente, não coibiu, corresponde, na verdade, a um aspecto da dialética Igreja universal – Igrejas locais, em princípio saudável e salutar: a subsidiariedade, que Pio XI chama de "princípio importantíssimo em filosofia social". Ensina, com efeito, Pio XI na encíclica *Quadragesimo anno*: "Da mesma maneira que não é lícito tirar aos indivíduos, a fim de o transferir para a comunidade, aquilo que eles podem realizar por sua iniciativa e com seus próprios meios, é também injusto entregar a uma sociedade maior e mais alta o que pode ser feito por comunidades menores e inferiores. Isto seria, ao mesmo tempo, grave dano e perturbação da justa ordem da sociedade; porque o objeto natural de qualquer intervenção da mesma sociedade é ajudar de maneira supletiva os membros do corpo social, e não destruí-los e absorvê-los".[18] A "filosofia social", como tantos outros ramos do saber e da cultura, certamente tem algo a ensinar à Igreja e à eclesiologia. Este princípio da subsidiariedade, dentro da mais ampla comunhão eclesial, pode ensejar, em matéria de ministérios não ordenados, e além deles, algumas atitudes e comportamentos perfeitamente cabíveis: a primeira responsável pelo surgimento, formação básica, acompanhamento constante e avaliação dos ministérios não ordenados é a própria comunidade local (paróquias e comunidades menores); a Diocese, como segunda e essencial instância, daria suporte às comunidades locais, ajudando-as no discernimento, na formação e numa primeira universalização desses ministérios; as conferências episcopais recolheriam as experiências locais e indicariam princípios teológicos e pastorais para garantir seu desenvolvimento e descortinar-lhes horizontes mais amplos; a Santa Sé interviria, quando necessário, para ajudar na "socialização" universal dessas experiências

---

[18] PIO XI, *Quadragesimo anno* 5.

e/ou no encaminhamento de alguma dificuldade séria que os níveis anteriores não tivessem tido condições de equacionar. A Igreja nascente e os quatro primeiros séculos do cristianismo têm muito a nos ensinar neste sentido.

Concentração de ministérios no âmbito do culto: saúde ou alarme?

Nota-se não só uma concentração de ministérios não ordenados no âmbito do culto, mas também uma deficiente reflexão teológica, que, ao menos em parte, reforça esta realidade. Damos, aqui, um exemplo, mas esta realidade se repete em todo o Brasil. Do total dos considerados ministros não ordenados da Arquidiocese de Florianópolis – que, com todo o respeito e admiração, estamos citando porque fez, há pouco tempo, um levantamento sociológico-pastoral invejável a respeito dessas e outras questões[19] –, constatam-se os seguintes percentuais de distribuição de ministros por ministério: 8,1 na acolhida, 0,6 no aconselhamento, 1,4 na caridade social, 3,9 no consolo e esperança, 0,3 nas missões populares, 7,3 na Palavra, 11,2 na visitação e bênção, e 67,3 na distribuição da comunhão. Saltam aos olhos estes 67,3 de ministros na função de ministros extraordinários da Sagrada Comunhão! O que está por detrás desses dados? Uma Igreja excessivamente centrada no culto? Uma Igreja pouco missionária? Uma Igreja com pouco compromisso social? Seria necessário aprofundar várias questões antes de arriscar uma resposta. Uma coisa, porém, já pode ser dita: a relação mais imediata que o termo "ministério" suscita, na maioria das pessoas, é com o culto. Os ministérios litúrgicos têm uma visibilidade maior e são mais facilmente identificáveis. As antigas "ordens menores" também se situavam no âmbito do culto. Paulo VI, em *Ministeria quaedam*, quando aboliu as ordens menores e introduziu os ministérios instituídos, criou dois ministérios litúrgicos: o leitorado e o acolitado. Na cabeça da maioria das pessoas, aqui entre nós, mas, quiçá, em toda parte, ministros não ordenados são os da Sagrada Comunhão ou – o que dá na mesma –

---

[19] Cf. ARQUIDIOCESE DE FLORIANÓPOLIS, *Planejamento arquidiocesano de pastoral*, pp. 61ss.

os ministros da Sagrada Comunhão são "os ministros". Sem acréscimo. Sem outras especificações. Quase por antonomásia.

O que se entende mesmo por "ministério"?

Tanto assim que, na mesma Arquidiocese – que, porém, de novo, não é nenhuma exceção –, catequese, pastoral litúrgica, dízimo, ação social paroquial, pastoral da criança, pastoral da juventude, pastoral carcerária, pastoral universitária, pastoral da pessoa idosa, pastoral dos enfermos, pastoral da saúde, pastoral da sobriedade, pastoral do migrante, pastoral da comunicação não são classificadas como ministérios.[20] A questão, aqui, provavelmente, é o conceito que se tem de ministério. Se, porém, se entender por ministério um "carisma em estado de serviço reconhecido pela Igreja", as pastorais – mesmo tendo, evidentemente, outras determinações conceituais – podem-se encaixar perfeitamente aí. Se, dando um passo a mais, se usar a definição apresentada por Congar aos bispos franceses em 1973,[21] que, por sua vez, foi acolhida, por exemplo, em Puebla,[22] fica ainda mais claro que as pastorais podem ser interpretadas como ministérios. Congar, não custa lembrar, colocava cinco elementos em sua definição de ministérios não ordenados: serviços precisos, de importância vital para a Igreja, comportando uma verdadeira responsabilidade, reconhecidos pela Igreja local e confiados por um determinado período de tempo. Seu âmbito pode ser tanto a vida da comunidade eclesial (liturgia, catequese, acolhida, dízimo etc.) quanto a presença institucional da Igreja através dos leigos e leigas nos grandes setores da vida humana (a juventude, a cultura, a terceira idade, os ambientes sociais, econômicos e políticos etc.) em suas mais variadas expressões. Há, pois, ministérios mais voltados para a palavra, outros

---

[20] Vejam, porém, que "acolhida", "aconselhamento", "caridade social", "consolo e esperança", "missões populares", "Palavra", "visitação e bênção", e "distribuição da comunhão" são chamados de ministérios. O que faz com que algumas ações sejam "ministérios" e outras, "pastorais"?

[21] Cf. ASSEMBLÉE PLÉNIÈRE DE L'ÉPISCOPAT FRANÇAIS, *Tous responsables dans l'Église ? Le ministère presbytéral dans l'Église tout entière "ministérielle"*, Éditions du Centurion, Paris, 1973, pp. 59-60.

[22] Cf. *Puebla* 805.

mais voltados para o culto e outros, finalmente, mais voltados para a caridade.

Convém lembrar, além disso, que todo ministério tem, por sua participação no tríplice múnus de Cristo e da Igreja, três dimensões: a profética, a sacerdotal e a real-pastoral. Não só. Entre as três dimensões, devido à profunda unidade da missão de Cristo e, consequentemente, da missão da Igreja,[23] deve viger uma espécie de pericorese, uma mútua compenetração. O documento "Missão e ministérios dos cristãos leigos e leigas", da CNBB, endossa essas considerações.[24]

"Vertrauen ist gut, Kontrol ist besser!"[25]

Numa Igreja em epocal transformação, não faz sentido estabelecer listas fechadas de ministérios não ordenados, estandardizá-los, submetê-los, em tudo e por tudo, à rigidez canônica. As listas têm que ficar abertas, seja para a entrada de novos, seja para a saída daqueles que não têm mais sentido nem função. É o que se constata na América Latina. Se compararmos, por exemplo, os novos ministérios que os bispos do Brasil listavam por ocasião da XV assembleia da entidade (1977)[26] e os que aparecem hoje, em textos diocesanos e nacionais, muita coisa mudou. É o processo normal, quando liberdade e responsabilidade caminham juntas, buscando, com inteligência, os melhores caminhos – em cada situação e em cada tempo – para a vida e a missão da Igreja. Princípios gerais são válidos e critérios específicos não menos, mas tanto uns quanto outros só cumprem sua função de garantir a verdade de cada ministério e de seu conjunto se forem constantemente se adequando às pessoas, às situações, aos lugares, aos tempos, com suas peculiaridades, necessidades e recursos. Nesse sentido, as Igrejas locais –

---

[23] Cf. *Catecismo da Igreja Católica* 738.

[24] CNBB, *Missão e ministérios dos cristãos leigos e leigas*, Paulinas, São Paulo, 1999 [Doc. 62].

[25] "Confiança é bom; controle é melhor!" A frase, ouvida de um amigo alemão, operário na Suíça, exprime bem dois estilos diametralmente opostos de gestão, que, *mutatis mutandis*, fazem sua aparição na Igreja também, em todos os seus níveis.

[26] Cf. A. J. DE ALMEIDA, *Ministérios não ordenados na Igreja latino-americana*, cit., p. 69ss.

evidentemente, na comunhão universal das Igrejas – devem exercer, em plenitude, sua condição de "sujeitos" da vida e da missão da Igreja em seu espaço, em sua sociedade, em sua cultura. Quanto mais as Igrejas locais forem capazes de encarnar-se em suas sociedades e culturas e puderem contar com a participação mais ampla possível de seus membros, em todos os aspectos e momentos de sua vida e missão, tanto melhor equacionarão seus desafios e seus potenciais ministeriais. Há que escolher: ou a confiança responsável ou o controle! O Evangelho ("entre vós, não será assim") ou a Lei (*duo sunt genera christianorum*).

Ninguém quer ser ovelha... nem suplente![27]

Quando abordam a questão da participação dos leigos na função pastoral – como foi o caso da instrução romana de 1997 –, os textos oficiais geralmente definem esta participação como "suplência". Quer dizer: o que leigos e leigas estão fazendo, em certos âmbitos da vida e missão da Igreja, pertence, de si, ao ministério ordenado. Em outras palavras: não são ministérios leigos.

Ninguém contestaria esta definição – nem teológica nem juridicamente – se a substituição de um presbítero por um leigo ou leiga, para determinadas ações, fosse uma situação pontual, eventual, passageira. Acontece que, nas últimas décadas e, em algumas regiões (na Europa, sobretudo) crescentemente, a assunção, por leigos e leigas, de ações pertencentes à esfera do ministério ordenado tornou-se algo que não é nem pontual nem eventual nem passageiro. Na verdade, a um olhar mais agudo, esta situação de "normalização" da suplência pastoral denuncia que alguma coisa "anormal" está acontecendo no funcionamento da Igreja.

---

[27] "O termo 'suplência' conota um pesar e pode veicular a ideia de ministérios 'tapa-buracos'. Remete, com saudade, à situação anterior em que os presbíteros, em muitos lugares, eram suficientemente numerosos para garantir todas as funções pastorais, e à esperança ilusória de poder voltar a este *status quo ante* num prazo previsível. Falar de suplência é avançar olhando para trás. Ora, a 'suplência' em questão deve ser refletida olhando para o futuro. Ela indica que algo de novo se produziu que não entra mais nos quadros adquiridos. Ela acarreta uma mutação da figura da Igreja" (B. SESBOÜÉ, *N'ayez pas peur! Regards sur l'Église et les ministères aujourd'hui*, Desclée de Brouwer, Paris, 1996, p. 156).

A "suplência – só não vê quem não quer ou nunca viveu esta situação como testemunha – virou 'delegação'. A suplência é, por excelência, provisória e temporária; ela concerne a casos particulares. Ora, na situação presente, quem pode prever o fim destas 'suplências' generalizadas? A sua extensão no espaço e também no tempo requer uma forma de institucionalização. O próprio fato da delegação sublinha que se trata de um cargo durável confiado por um tempo determinado".[28]

Mas há algo pior: a linguagem da suplência teima em dizer que, mais cedo ou mais tarde, a 'crise' vai passar. "O termo 'suplência' conota um pesar e pode veicular a ideia de ministérios 'tapa-buracos'. Remete, com saudade, à situação anterior em que os presbíteros, em muitos lugares, eram suficientemente numerosos para garantir todas as funções pastorais, e à esperança ilusória de poder voltar a este *statu quo ante* num prazo previsível. Falar de suplência é avançar olhando para trás".[29]

O fenômeno de leigos e leigas estarem – não pontual, mas generalizadamente; não eventual, mas habitualmente; não temporariamente, mas por tempo praticamente indeterminado – substituindo ministros ordenados, sobretudo, presbíteros, aponta para algo novo que não cabe nos quadros estabelecidos. O equívoco de documentos como a instrução romana de 1997 não está nos argumentos teológicos e jurídicos a que recorre para que as coisas caminhem bem; o equívoco está em não perceber que esses argumentos são totalmente inadequados para enfrentar uma situação absolutamente nova. É preciso encarar a situação olhando-a de frente; é preciso encarar a situação, olhando para frente. A situação que está aí não cabe nos esquemas consolidados. Deu-se uma mutação na realidade pastoral, que envolve uma mutação da forma da Igreja!

Encarar de frente os desafios

Faltam sistematicamente ministros ordenados para desempenhar as ações próprias de sua função pastoral. Existe solução para esta situação? Em que termos? Leigos estão desempenhando "normalmente" funções consideradas próprias dos ministros ordenados. Trata-se de um

---

[28] Ibid.

[29] Ibid.

problema ou de uma solução? Funções próprias do ministério ordenado estão sendo desempenhadas por leigos. São necessariamente próprias do ministério ordenado? Não poderiam ser próprias também de ministros não ordenados? Não poderiam ser, numa nova reconfiguração global dos ministérios, comuns a uns e a outros?

O mais grave é que milhares de comunidades – por falta de presbíteros – não celebram a Eucaristia, que, entretanto, é a fonte, o centro e o cume da vida cristã e eclesial. O problema está presente no Brasil – onde cerca de 70 mil comunidades estão nesta situação – mas também em outros países e inteiros continentes.[30]

Não se pode dizer que não se reza pelas vocações, nem que não haja um trabalho sistemático de pastoral vocacional, tanto no âmbito das dioceses quanto das congregações. No Brasil, houve, sem dúvida, um crescimento do número de seminaristas e de ordenações na última década, mas se está ainda longe da média de 1 presbítero para 10 mil habitantes, da década de 1960, que já não era considerada boa.

Descobrimos as Celebrações da Palavra. Elas são certamente uma bênção, e os bispos, em Aparecida, insistiram em seu valor, importância e necessidade: "Com profundo afeto pastoral, queremos dizer às milhares de comunidades com seus milhões de membros, que não têm a oportunidade de participar da Eucaristia dominical, que também elas podem e devem viver 'segundo o domingo'. Podem alimentar seu já admirável espírito missionário participando da 'celebração dominical da Palavra', que faz presente o Mistério Pascal no amor que congrega (cf. 1Jo 3,14), na Palavra acolhida (cf. Jo 5,24-25) e na oração comunitária (cf. Mt 18,20)".[31] Mas os próprios bispos têm consciência de que não substituem a celebração da Eucaristia: "Sem dúvida, os fiéis devem de-

---

[30] Cf. *Documento de Aparecida* 100 e; *Ecclesia in America* 35; *Ecclesia in Europa* 36; *Ecclesia in Asia* 45; *Ecclesia in Oceania* 40. Em alguns poucos países da África, a situação seria diferente, tanto que estão enviando presbíteros para outras dioceses e países (cf. *Ecclesia in Africa* 38.133); A. J. ALMEIDA, Os presbíteros de que a Igreja necessita para as comunidades que necessitam da Eucaristia, em: F. LOBINGER; A. J. ALMEIDA, *Equipes de ministros ordenados. Uma solução para comunidades sem Eucaristia*, Paulus, São Paulo, 2009, pp. 144-148.

[31] DAp 253.

sejar a participação plena na Eucaristia dominical, pela qual também os motivamos a orar pelas vocações sacerdotais".[32]

Estas Celebrações – os bispos fazem questão de frisá-lo – ocorrem em "milhares de comunidades com seus milhões de membros". Estas milhares de comunidades são, de fato, a bênção maior. São formadas por um número variável de pessoas ou famílias, dependendo muito de diocese, estado, região. Seu ideal, mais ou menos consciente, mais ou menos internalizado, é a primitiva comunidade de Jerusalém, descrita nos Atos dos Apóstolos: "Eles eram perseverantes em ouvir o ensinamento dos apóstolos, na comunhão fraterna, na fração do pão e nas orações" (At 2,42). Em seu interior, a serviço de sua vida e missão, surgem os mais variados serviços e ministérios, que, normalmente, formam equipes e atuam em equipe. Os membros dessas equipes, em cursos paroquiais, decanais e diocesanos, recebem formação, sobretudo bíblica e pastoral. Grupos de famílias, geralmente vizinhas, mas não só, reúnem-se regularmente para partilhar a fé e a vida, a partir do Evangelho do domingo ou de algum texto elaborado para este fim pela paróquia, pela diocese e, mesmo, em certas ocasiões, pela CNBB, em âmbito regional ou nacional. Essas comunidades, muitas vezes, têm um conselho comunitário e realizam assembleias pastorais. Seus representantes participam do conselho paroquial de pastoral. A comunhão com a paróquia e, através da paróquia, com outros níveis da Igreja, é querido, sentido e vivido.

As vocações para o ministério ordenado estão nas comunidades

O ministério que falta, imediata e estavelmente, nessas comunidades, para serem plenamente eclesiais porque também eucarísticas, é o ministério presbiteral.[33] E é nessas comunidades, entre suas lideranças, que temos que encontrar os candidatos à ordenação presbiteral.

---

[32] Ibid.
[33] Cf. F. LOBINGER, *Padres para o futuro. Uma proposta para comunidades sem Eucaristia*, Paulus, São Paulo, 2007; F. LOBINGER; A. J. ALMEIDA, *Equipes de ministros ordenados. Uma solução para comunidades sem Eucaristia*, Paulus, São Paulo, 2009; F. LOBINGER, *Altar vazio. Podem as comunidades pedir a ordenação de ministros próprios*, Santuário, Aparecida, 2010. A respeito, conferir a exce-

Nem todas as comunidades nem todas as Dioceses estão em condições de dar este passo. Talvez mesmo poucas poderiam ou deveriam dá-lo, ao menos inicialmente, para não acontecer de se correr em vão (cf. Gl 2,2). Afinal, não estamos falando de abolir o celibato, ou ingenuamente da ordenação de *viri probati*, mas de *communitates probatae*. Evidentemente, para tanto, a Igreja precisa rever seus critérios de acesso ao ministério presbiteral. Sem desvalorizar o modelo atual de presbíteros, precisamos, sem medo e sem demora, voltar – recriando-o para as circunstâncias atuais – ao modelo que predominava no Novo Testamento e na Igreja Antiga: os que presidiam a comunidade são escolhidos pela comunidade dentre seus próprios membros; os critérios para sua escolha eram a solidez de sua fé, de sua vida cristã, de sua vida familiar, de sua entrega à comunidade, de seu testemunho no ambiente de vida e trabalho; seu estado civil e sua condição profissional não desempenhavam nenhum papel determinante para o acesso ao ministério ordenado; o nível de sua formação intelectual devia ser adequado ao nível sociocultural de sua comunidade.

A introdução do ministério presbiteral nas comunidades – o único indispensável para que elas possam celebrar a Eucaristia – não elimina, antes, valoriza, a rica, variada e multiforme ministerialidade local e laical. Também não desvaloriza nem dispensa os presbíteros – diocesanos e religiosos – que, por sua formação, por sua entrega radical, inclusive em virtude do carisma do celibato, por sua experiência, poderão assessorar e acompanhar os "presbíteros comunitários", assumir responsabilidades pastorais em nível diocesano e em situações mais complexas e desafiadoras.

O ideal é que, em cada comunidade, haja ao menos três "presbíteros comunitários" e não apenas um. Para não sobrecarregar ninguém, para garantir um processo colegial de presidência da comunidade, para neutralizar o autoritarismo, a centralização, o clericalismo. Quando, numa comunidade, só houver uma pessoa com essas condições, a equipe, evidentemente, não se fará no interior de uma comunidade (o que, nesse caso, seria fisicamente impossível), mas no interior de uma rede

---

lente recensão desta última obra pelo prestigioso teólogo João Batista Libanio em: *REB* 72 (fasc. 285 / janeiro 2012), pp. 252-253.

de comunidades, o que poderia corresponder, para nos entendermos, às dimensões de uma antiga (quer dizer, de uma atual) paróquia.

Aliás, os "padres de comunidade" normalmente viverão com suas famílias e não as deixarão para viver numa espécie de "mosteiro", mas deverão ser preparados para viver, com seus colegas de ministério, relações de fraternidade presbiteral idealmente mais extensas e intensas que os atuais presbíteros. Senão, poderão virar pequenos monarcas em sua área e, Deus nos livre de outro senhorio que não seja o de Cristo!, pequenos déspotas em sua comunidade. Sem mitra nem báculo, mas, quem sabe, com outros instrumentos e símbolos mais grosseiros e menos amansados pelo tempo! Atualmente, nas comunidades, o antídoto contra o clericalismo laical (que existe, claro que existe) é, de fato, a existência de equipes ministeriais (equipe de celebração, equipe de catequese, equipe da pastoral da criança, equipe de economia e finanças etc.), de conselhos comunitários (normalmente formados pelos coordenadores das equipes e pelos animadores dos grupos de vivência) e de assembleias comunitárias (de planejamento, avaliação, tomada de decisão), em que todos – compartilhando a mesma missão, na diversidade dos carismas e dos ministérios – gozam de iguais direitos e iguais deveres.

O "padre de comunidade", além de numa equipe (mais reduzida ou mais ampla) de "padres de comunidade", estaria profundamente inserido – talvez isso seja até mais importante – numa comunidade orgânica, dotada de várias instâncias carismáticas, grupais e comunitárias, que não o deixariam isolar-se nem isolar a comunidade em relação a outras.

A eventual implementação desta proposta – que gostaríamos que a Igreja discutisse nos fóruns competentes – deveria obedecer a uma séria pedagogia, criteriologia e metodologia.[34] Seja como for, supõe

---

[34] Coloca Libanio em sua já mencionada recensão da obra *Altar Vazio* de Lobinger: "Vale a pena refletir sobre tal proposta e a metodologia de preparação da comunidade para tal ministério. Não viria como decisão para a Igreja universal, mas, sim, as comunidades, à medida que estivessem maduras e com leigos preparados, levariam a Roma o pedido de implementação de tal ministério. Nenhuma Igreja particular, local ou nacional, se sentirá obrigada a assumi-lo. E isso iria acontecendo onde e quando as comunidades quisessem e se sentissem aptas e preparadas [...]".

Igrejas locais com uma caminhada consistente em matéria de comunidades e ministérios; Igrejas locais e comunidades convictas da necessidade e possibilidade de dar este passo, além, evidentemente, de pessoas preparadas e dispostas a servir seus irmãos e irmãs através do ministério presbiteral.

Nenhuma diocese seria obrigada a adotar esta configuração do ministério presbiteral; nenhuma diocese deveria opor-se a que outras se abrissem a esta inovação. As Dioceses, como as paróquias e as comunidades, não precisam ser iguais em tudo. Num mundo e numa Igreja plurais, nada mais sábio e sadio que o princípio agostiniano da harmonia eclesial: "No essencial, unidade; no secundário, liberdade; em tudo, caridade".

O que a Igreja introduziu, a Igreja pode mudar

Há elementos, no ministério ordenado, que são de "divinamente instituídos", e a Igreja deve não só os manter, mas evidenciá-los e qualificá-los sempre mais. Outros elementos são de "instituição eclesiástica" ou simplesmente *ab antiquo* (cf. LG 28), e a Igreja, sem maior tardar, mas com serena, aprofundada e espiritual ponderação, deveria decidir sobre sua necessidade, conveniência e oportunidade, antes que prejuízos de várias ordens não afetem ainda mais a vida e a missão da Igreja. As questões relativas ao estado civil (solteiro ou casado), à formação intelectual (acadêmica ou menos formalizada), ao exercício de uma profissão civil, ao tempo físico dedicado ao ministério (*full time* ou *part time*), à participação da comunidade na escolha de seus futuros ministros ordenados, e outras, tudo isso pode mudar, cabendo à autoridade eclesiástica "competente em" profunda interação com o conjunto da

---

A proposta vai além da simples resposta à carência de sacerdotes, mas vislumbra um novo tipo de comunidade eclesial de base, em que os fiéis assumem clara e expressamente a responsabilidade de conduzi-la. Reinterpreta a função do atual padre na linha da finalidade da formação da comunidade e não tanto na do exercício absorvente da sacramentalização". E conclui: "Vale a pena conferir!" (J. B. LIBANIO, *Altar vazio*. As comunidades podem pedir a ordenação de ministros próprios? [recensão], cit., p. 253).

Igreja – analisar, verificar, ponderar, definir o que é melhor nos vários contextos eclesiais e nos diferentes momentos históricos.

Válidas vocações para o presbiterado, em muitas comunidades, não faltam; faltam antenas espirituais para captá-las e valorizá-las, dando-lhes nova configuração, fiel ao Novo Testamento, à Igreja antiga e aos tempos atuais, com seus desafios, necessidades e possibilidades.

Posfácio

Quando Antonio José de Almeida, presbítero e teólogo, me propôs que fizesse este posfácio, fiquei surpresa e pensei: as coisas estão mudando em nossa Igreja. Talvez a maioria não se dê conta, mas as mudanças estão aí!

Sou espanhola, leiga, casada e mãe de três filhas. Licenciada em psicologia e especialista em mediação. Filha de uma família operária de imigrantes da Andaluzia que chegaram a Madri na década de 1950; gente solidária e sensível, creio que profundamente cristã, mas distante das sacristias. Com 17 anos, terminei meus estudos num colégio das Filhas da Caridade. Àquela altura, minha vocação originária era ser teóloga. Lamentavelmente, isto não era possível na Espanha daquela época; deveria ir a Louvain, na Bélgica. Pelo jeito, só as mulheres belgas podiam ter essa vocação! As condições familiares, unidas, no meu caso, a uma teologia negativa agostiniana, influenciaram em minha decisão de renunciar a este projeto mais formal, porém continuei a ler teologia por conta própria, fiz vários cursos de teologia presenciais e a distância, em institutos de pastoral aqui na Espanha e, depois de criar minhas filhas, voltei ao trabalho como professora de religião.

A vida tem seus caminhos. Mesmo sendo universitária, decidi trabalhar numa metalúrgica. Queria, além de ganhar a vida e ajudar minha família, conhecer, em minha própria pele, a problemática dos trabalhadores na época da ditadura franquista. Oito anos na indústria (até que tive a minha primeira filha) ligando cabos e soldando, atenta à sensibilidade e às buscas profundas dos companheiros do setor, me aproximaram da Juventude Operária Católica (JOC), dos padres-operários, das comunidades de base, das pedagogias significativas (como a das parábolas).

Foi nesta época que, por circunstâncias da vida, me deparei, pela primeira vez, com o tema dos ministérios na Igreja. Ao longo desses anos, encontrei-me com muitas pessoas que buscavam uma resposta ministerial desencarnada, alheia à vida das comunidades, que se perguntavam "o que é o sacerdócio", "como deve ser o sacerdote", buscando um modelo ideal longe da ideia de "serviço" à comunidade concreta. Depois de anos refletindo sobre esta questão, entendo hoje que a pergunta-chave é "que ministros necessitamos para que comunidades?". E essa pergunta nos remete a outra, mais ampla: "Para que Igreja e em que mundo?".

Desde 2002, trabalho na coordenação de uma rede conciliar, a Proconcil, criada para fomentar a conciliaridade na Igreja, numa perspectiva mediadora.

Em 2010, graças à mediação de um bispo brasileiro, Dom Demétrio Valentini, chegou a Proconcil uma proposta inovadora sobre o tema dos ministérios na Igreja. A editora Paulus havia publicado, em 2009, um livro, em coautoria, do bispo alemão Fritz Lobinger, que trabalha na África há cerca de 50 anos, e do teólogo brasileiro Antonio José de Almeida, autor do presente livro. Diante das numerosas comunidades sem Eucaristia e diante da passividade de muitas comunidades que veem o padre como um provedor de serviços religiosos, Lobinger propõe a formação de comunidades provadas (maduras), ajudando a emergir as lideranças nas mesmas, para que, algum dia, em pleno consenso da diocese e em diálogo com Roma, possam ser ordenados nelas alguns ministros (presbíteros), em equipe, que seriam pessoas da própria comunidade. Esta nova forma de presbítero comunitário, com uma formação contínua, adequada à comunidade, que vive com sua família e vive de seu trabalho profissional, coexistiria e colaboraria com o tradicional modelo de presbítero que poderíamos chamar, para distinguir dos presbíteros das comunidades, de presbítero diocesano, formado amplamente nos seminários e celibatário. O livro em questão (*Equipes de ministros ordenados. Uma solução para as comunidades sem Eucaristia*) conclui-se com uma excelente contribuição teológica em que Almeida traça, primeiro, o retrato ideal das comunidades que poderiam ser dotadas de ministros ordenados a partir de seus próprios membros e, em seguida, o perfil dos eventuais candidatos à ordenação ao serviço das mesmas, com uma forte fundamentação na grande tradição da Igreja desde suas origens.

Agora, Almeida oferece, neste novo livro, um estudo sistemático de diversos documentos eclesiásticos que abordaram a questão dos ministérios não ordenados, desde o Vaticano II até Aparecida. Lendo o livro, compreende-se facilmente que esta reflexão está profundamente unida à anterior.

Convém observar que os documentos eclesiásticos examinados não têm o mesmo nível e peso, embora não se possa não levar em conta o efeito simbólico negativo de uma instrução como a de 1997. Produz ampla decepção e desafeição, para, logo em seguida, acabar esquecida.

É muito alentador ressaltar o aporte que vem das Conferências Gerais do Episcopado Latino-Americano, pois, ainda que, em algumas delas, haja poucas e breves referências ao tema que nos ocupa, se vê o avanço contínuo em sintonia com o Concílio. É muito significativo constatar a diferença entre o que acontece quando predomina a preocupação pastoral, a partir das Igrejas locais (sem oposição à sua pertença à Igreja universal), e o que acontece quando o que predomina em algumas instâncias – alheias às realidades e necessidades concretas da evangelização – é uma perspectiva centralizadora e controladora.

É de grande interesse, depois desta visitação de textos magisteriais, que, em dados momentos, pode deixar o leitor um tanto perplexo e desencorajado, o capítulo intitulado "Balanço e Perspectivas".

A leitura do prefácio ágil e conciso do jesuíta, teólogo e missionário Victor Codina nos leva a desejar que, no futuro, a Igreja toda se coloque, sem temor e sem titubeios, a questão de como conciliar, sem pressa, mas também sem pausa, esta realidade inegável – da escassez de sacerdotes e de comunidades sem Eucaristia – com as afirmações constantemente repetidas pelo Vaticano II de que a Eucaristia é fonte e cume da ação evangelizadora da Igreja (cf. LG 11; SC 10; PO 5), dobradiça da comunidade cristã (cf. PO 6). Se, num passado não muito distante, podíamos estar propiciando uma Igreja sem o Pão da Palavra, hoje, podemos estar caminhando para uma Igreja sem o Pão da Eucaristia, ou pior, uma Igreja em que Palavra, Sacramento e Vida estejam desarticulados.

Entendo que este é um livro imprescindível para o estudo em seminários e casas de formação, em institutos de pastoral e faculdades de teologia, bem como para todos os católicos com certa formação que queiram estar atentos à trajetória dos documentos da Igreja, do Vaticano II aos nossos dias, relativos ao tema ministérios e comunidades.

Fragilidades e obstáculos

Este livro é útil porque chama a atenção para alguns pontos frágeis ou obstáculos para a mudança necessária e possível. Permito-me assinalar alguns:

- A acumulação de funções-ministérios que foram se concentrando, ao longo dos séculos, nas mãos dos padres.

- O imenso fosso entre ministérios ordenados (que acabam se reduzindo quase só ao ministério presbiteral, na forma que hoje conhecemos e que parece que é o único "sagrado") e ministérios não ordenados.

- O temor e a preocupação, que já se anuncia em *Christifideles laici* e que ocupa todo o espaço em *De Ecclesiae Mysterio* (a infeliz instrução de 1997), de que do reconhecimento eclesial de ministérios não ordenados se acabe derivando para uma confusão entre o ministério "sacerdotal" e outros ministérios.

- A desvinculação que desponta em *Christifideles laici* e se concretiza em *De Ecclesiae Mysterio* (1997) entre carisma e ministério. Com isto, revela-se uma deficiente teologia pneumatológica projetada no ministério presbiteral. E, sobretudo, tem um efeito simbólico muito negativo, porque não dá continuidade à linha empreendida pelo Vaticano II, na *Lumen Gentium*, e, posteriormente, no *motu proprio* de Paulo VI *Ministeria quaedam* (1972) e em *Evangelii nuntiandi* (1974).

- Processos como o que se constatou na elaboração da instrução de 1997: escondido, pouco transparente, limitando a participação a poucas pessoas. Sem submeter um anteprojeto a uma discussão ampla. Aí se revela uma tendência centralizadora que enrijece a Igreja e impede a mudança.

- A identificação que vem sendo feita, de maneira extensa e prolongada, entre ministério e culto, ignorando todas as demais projeções pastorais das quais podem e devem emergir ministérios.

- A confusão entre o disciplinar e o doutrinal, que desemboca num controle da legítima pesquisa teológica e numa falta de flexibilidade para rever e atualizar os ministérios, mudando tudo o que pode ser mudado, para que a Igreja possa cumprir sua missão no mundo de hoje. Essas mudanças devem poder afetar também hoje o ministério presbiteral, sob pena de cair em múltiplas incoerências e de perder eficácia na missão.

- Uma análise pouco consistente, que interpreta que, se hoje há falta de vocações, poderia ser porque os leigos realizam funções próprias dos sacerdotes, quando, na verdade, a dinâmica é muito diferente: em muitos lugares, os leigos realizam funções que poderiam corresponder aos presbíteros devido justamente à falta de presbíteros. Em outros lugares, muitos leigos se retraem diante de seu compromisso com a Igreja, e as comunidades se tornam passivas porque há presbíteros que açambarcam funções que não teriam por que ser desempenhadas por eles.

- Certamente a progressiva corresponsabilidade de leigos e clérigos pode supor novas necessidades de controle e gestão da organização eclesial, porém não parece que a maneira de abordá-las na instrução vaticana seja a mais adequada. Os próprios bispos e as conferências episcopais podem estar alertas diante das situações locais. E não só para corrigir excessos, mas também para impulsionar os processos e favorecer consensos diocesanos. É significativo que, em nenhuma das Conferências Gerais do Episcopado Latino-Americano, tenha havido retrocessos no tema dos ministérios. Ao contrário, houve ação de graças, reconhecimento e estímulo.

- A associação de ministério ordenado necessariamente a *sacerdotes*. Nem sempre foi assim na história da Igreja. Se pudéssemos evoluir para uma Ordem, com duas formas diferentes de presbíteros ("comunitários" e "diocesanos", para nos entendermos), avançar-se-ia para uma menor separação entre clérigos e leigos, e, acredito, se resolveria bastante a estagnação que hoje afeta a questão ministerial.

Perspectivas de mudança

Da leitura do livro, quero ressaltar algumas mensagens que me parecem chaves para enfocar as mudanças.

Se falamos de "crise", parece que é algo conjuntural e, consequentemente, há atuações que serão de suplência, existindo só enquanto dure a crise. Por outro lado, se falamos de "tendências" e de "mudanças de paradigma", urge uma transformação integral na direção de uma Igreja toda ministerial.

Não é necessário atuar em "tudo" nem em todo o mundo de uma vez. Basta que, localmente, se esteja à escuta das necessidades e possibilidades das comunidades, e que presbíteros e bispos se envolvam neste processo, aplicando o princípio da subsidiariedade, do qual falava Pio XI na *Quadragesimo anno*: o que se pode fazer num nível não é necessário remetê-lo ao nível superior.

Penso que não se deveria fazer uma separação tão radical entre ministérios ordenados e não ordenados. O que hoje é não ordenado amanhã poderia ser ordenado, dado que a complexidade da tarefa evangelizadora, a tendência à diversidade e à emergência de sociedades multiculturais exigem este florescimento da diversidade nos ministérios, de uma maneira flexível e adequada aos diversos contextos. O que não significa, em absoluto, uma indiferenciação entre ministérios ordenados e ministérios não ordenados.

A vocação não é algo intimista, entre Deus e o indivíduo. Tem, sem dúvida, um componente de dom ou carisma. Às vezes, o indivíduo só o percebe através da demanda da comunidade. E, inclusive, quando o percebe diretamente, é fundamental a mediação de uma comunidade concreta. Na sua concreção eclesiástica, na atual conjuntura, os responsáveis maiores pela instituição eclesial têm um papel decisivo. Com efeito, se muitas vocações pessoais e demandas da comunidade que respondem a necessidades pastorais se vissem frustradas por não existirem canais de discernimento e deliberação adequados, a instituição deveria se perguntar se não está "asfixiando o Espírito".

Tendo em conta tudo o que foi dito até aqui, concordo com os autores citados que a solução aponta hoje para as "comunidades maduras (provadas)" nas quais emergem pessoas com carismas que devem ser reconhecidos pela Igreja e colocados ao serviço da comunidade. Essas comunidades hão de caracterizar-se por uma eclesiologia trinitária, cristocêntrica e pneumatológica, fundamentada na grande tradição da

Igreja, alimentadas pela Palavra, de modo que esta se incorpore em suas vidas e na vida das comunidades. Devem ser comunidades inseridas no mundo, orientadas para a justiça e a paz, e para o cuidado da criação. Os ministérios não ordenados não podem ser engessados, mas ser dinâmicos como é dinâmica a vida das comunidades e da Igreja. Os bispos devem estimulá-los e reconhecê-los gerando um clima de comunhão. A atuação da Santa Sé deveria ser no sentido de estender sua universalidade nos casos em que se vejam sua plausibilidade e viabilidade em outras áreas da Igreja; e, muito ocasional e concretamente, para alertar em relação a alguma disfunção ou mau uso. Este alerta e correção, todavia, não deveriam funcionar só para os excessos, mas também para as faltas. Ao mesmo tempo, penso ser necessário estabelecer uma prioridade missionária: é imprescindível, hoje, que a transformação dos ministérios afete também o ministério presbiteral, renovando aquilo que for renovável e mutável, de acordo com as necessidades da promoção de comunidades vivas, que possam celebrar plenamente a Eucaristia. Esta tarefa de gestão da mudança deveria realizar-se buscando amplos consensos eclesiais, numa permanente tensão dialética entre o local, o inculturado e a pertença, identitária e identificável, à Igreja universal.

Emília Robles
Leiga, teóloga

Impresso na gráfica da
Pia Sociedade Filhas de São Paulo
Via Raposo Tavares, km 19,145
05577-300 - São Paulo, SP - Brasil - 2016